NI JAMAIS
NI TOUJOURS.

TOME II.

PARIS. — IMPRIMERIE D'ÉVERAT,
rue du Cadran, n° 16.

NI JAMAIS
NI TOUJOURS

PAR

CH. PAUL DE KOCK.

C'est la devise des amours.

TOME DEUXIÈME.

PARIS.
GUSTAVE BARBA, LIBRAIRE,
ÉDITEUR DES OEUVRES DE PIGAULT-LEBRUN ET DE PAUL DE KOCK,
RUE MAZARINE, N° 34.
1835.

NI JAMAIS,
NI TOUJOURS.

CHAPITRE PREMIER.

MADAME D'ASVEDA.

Quand on a dormi par-dessus quelque événement, quelque bonheur innattendu, en s'éveillant on se figure encore être le jouet d'un songe. Lorsque c'est d'une peine nouvelle que nous sommes affligés, notre mémoire nous rappelle bien vite que ce n'est point un rêve; mais elle est plus lente à se rendre à l'évidence d'une circonstance heureuse : nous sommes méfians pour le bonheur.

En me réveillant, après la nuit singulière que j'ai passée dans les rues de Paris, j'en étais aussi à douter si cela était bien réel, non que l'aventure fût pour moi un grand bonheur et me promît un bien heureux avenir... qui sait même si je n'éprouverai pas des regrets cuisans de ma bonne fortune?.. mais elle a eu lieu d'une façon si bizarre, si nouvelle, qu'il n'est pas étonnant qu'elle m'occupe plus qu'une autre.

Maintenant il me faut attendre qu'il plaise à Adèle de m'écrire, de me donner un autre rendez-vous; et si cela ne lui plaisait plus... si elle n'avait voulu que satisfaire un caprice... et que je n'entendisse plus parler d'elle... il y aurait là-dedans quelque chose de mortifiant pour mon amour-propre. J'ai peut-être été un peu trop obéissant, j'aurais dû suivre ce fiacre sans qu'elle s'en doutât : cela m'eût été bien facile, et je saurais à présent où elle demeure, et probablement son nom et sa position dans le monde. J'ai agi comme un preux chevalier du vieux temps; j'ai tenu religieusement mes promesses ; c'est fort beau sans doute, mais nous sommes bien loin de l'époque des paladins, des troubadours et des damoiselles, et en agissant maintenant comme eux avec les dames, on risque beaucoup de se faire moquer de soi.

Attendons ! c'est tout ce que je puis me dire; c'est ce que je fais en m'occupant le plus possible de littérature et de théâtre. Mais on travaille mal lorsqu'on est fortement préoccupé ; l'image d'Adèle me poursuit sans cesse. Depuis qu'elle a couronné mes désirs, il me semble que j'en suis cent fois plus amoureux... Bien loin d'être satisfait, de me trouver heureux d'avoir obtenu les faveurs d'une femme si jolie, mon cœur est plus brûlant, plus agité à son souvenir... Il est vrai que tout dans cette aventure a été si singulier... ce fiacre... cette obscurité... Est-ce donc être entièrement heureux que de ne pouvoir lire aussi l'amour et le plaisir dans les yeux de celle qu'on aime?... Oh, non ! je n'ai pas encore tout obtenu d'elle, puisqu'elle me cachait son charmant visage!... Qu'il me tarde de la voir... de la contempler tout à mon aise; j'espère bien que notre premier rendez-vous n'aura pas lieu la nuit, ou alors nous aurons de la lumière.

Deux jours se passent. Je n'ai pas reçu de ses nouvelles. Qu'elle ne puisse encore m'indiquer un rendez-vous, je le conçois; il est possible qu'elle ne soit pas toujours maîtresse de ses actions ; mais ne pas m'écrire... un mot, un petit billet, après la nuit que nous avons passée ensemble , après les trois quarts d'heure dans la citadine!.. oh! c'est fort mal... je n'y conçois rien !... ou plutôt je crains d'avoir trop bien deviné !... C'était un caprice , une idée de jolie femme !... ces dames... les dames du grand monde surtout, aiment à contenter leur envie. Une petite bourgeoise se ferait un scrupule de céder à de telles fantaisies; mais dans la belle société, on raisonne différemment : on se donne un meuble, un bijou, une étoffe qui plaît, pourquoi ne se donnerait-on pas aussi un tête-à-tête avec un artiste dont les productions nous plaisent; on se déguisera, on s'environnera de mystère, l'artiste se laissera prendre à tout cela... les gens d'esprit se laissent si facilement attraper! et puis, la curiosité une fois satisfaite, comme le cœur n'a été pour rien dans l'aventure, on ne donnera plus de ses nouvelles, et le pauvre artiste en sera pour ses souvenirs et ses espérances.

Après tout, il faut être bien sot pour s'occuper d'une femme qui ne s'occupe pas de nous, qui se conduit avec si peu de politesse. Décidément, je ne veux plus songer à mademoiselle... ou madame Adèle!... qu'elle soit ce qu'elle voudra! que m'importe?... N'en ai-je pas obtenu tout ce que je pouvais désirer?... A ma place, beaucoup d'hommes seraient même satisfaits que cela n'ait pas été plus loin : mais je ne pense pas ainsi! Qu'est-ce qu'un bonheur qui ne doit pas se renouveler?... Vous me faites goûter d'un fruit délicieux, et vous ne voulez plus que j'y touche!... Il y a des gens qui vous diront : « Vous en » avez goûté, et c'est toujours la même » chose. » C'est possible, mais du moins laissez-moi m'en rassasier.

Quinze jours s'écoulent, puis encore une semaine... et point de lettre, aucune nouvelle... Oh! c'est bien fini, maintenant, je n'entendrai plus parler de cette dame, je veux n'y plus songer...

et chaque fois que je rentre ou que je sors, je questionne ma portière... et lorsqu'elle me répond avec son sang-froid glacial : « Il n'y a rien, monsieur, » je ne suis pas maître d'un mouvement d'impatience... d'un sentiment de colère, de dépit... Quelle folie!... prendre de l'humeur... pour quelqu'un qui probablement se moque de moi... mais c'est justement cela qui me dépite.

Un matin après m'être bien promis de ne plus penser à Adèle, je frappe mon poing sur mon bureau, en me disant : « Eh bien ! il ne sera pas dit qu'on se
» sera amusé de moi, sans que je puisse
» prendre ma revanche. Maintenant, je
» veux la retrouver cette dame; je veux
» savoir qui elle est; et si j'en prends bien
» la résolution, je réussirai ; car avec de
» la persévérance et de la patience, il est

» bien rare qu'on n'arrive point à son
» but. Dès ce moment, je vais commencer
» mes recherches. J'irai partout : aux
» spectacles, aux concerts, aux fêtes,
» aux promenades, dans le monde, dans
» les soirées de jeu, de musique, de
» danse. Cette dame est jolie, elle est
» coquette, il n'est pas probable qu'elle
» reste dans la retraite, qu'elle vive
» long-temps loin du monde. Oh! bien
» certainement, je parviendrai à la ren-
» contrer, et alors... Ma foi, alors je ne
» sais pas ce que je ferai... Mais quand
» nous en serons là, nous verrons. »

Me voilà tout joyeux d'avoir pris ce parti; car dans le fond de mon cœur, il m'en coûtait de renoncer à l'espoir de revoir Adèle, et dans mes nouveaux projets il entre peut-être autant d'amour que de vengeance! Mais s'il nous fallait toujours sonder le fond de notre ame dans toutes les actions de notre vie, je crois que nous serions bien rarement entièrement satisfaits de nous-mêmes.

Dès le même jour, je commence ma nouvelle manière de vivre, je donne plus de soins à ma toilette, parce qu'il en faut pour aller dans le monde, et que si je rencontre mon inconnue, je tiens à me montrer avec quelque avantage, à lui donner, s'il se peut, des regrets de son abandon, et, si par hasard il lui prenait pour moi un nouveau caprice, à lui tenir rigueur à mon tour.

Me voilà donc courant les soirées, les bals, acceptant toutes les invitations que jadis je refusais, et, avant de me rendre en société, trouvant encore le temps d'entrer dans trois ou quatre salles de spectacle, où je ne m'assieds pas ; mais que mes yeux parcourent avec attention du bas en haut, pour m'assurer si elle n'y est pas. Ce genre de vie ne me plaît guère, il n'occupe ni le cœur ni l'esprit; mais le désir de revoir Adèle me donne le courage de le continuer. Adèle!... quelle femme êtes-vous donc?... Mélange de sentiment et de coquetterie, de moquerie et de sensibilité!... D'où vient que vous exercez sur moi un empire si grand?... que je brûle du désir de vous revoir, que je suis amoureux de vous.. plus, je crois, que je ne l'ai jamais été d'aucune femme?.. Est-ce parce que je ne sais pas qui vous êtes?... est-ce parce que vous vous environnez de mystères, et qu'après avoir voulu vous faire adorer, vous m'abandonnez sans pitié!... Oui, c'est peut-être là ce qui augmente mon désir de vous posséder encore!...

Les hommes sont si peu raisonnables ! ce n'est jamais dans ce qu'ils ont, c'est toujours dans ce qu'ils désirent qu'ils placent le bonheur.

Six semaines s'écoulent, et elles m'ont paru bien longues. Quoique j'aie toujours été dans ce qu'on appelle les plaisirs, je n'ai pas encore aperçu celle que je cherche... je commence à perdre l'espérance. Ce Paris est si grand !... j'aurai beau faire, je ne pourrai pas aller dans toutes les réunions qui se donnent. Quand je cherche mon inconnue dans un salon du faubourg Saint-Germain, elle brille peut-être dans quelque réunion du Marais ou de la Chaussée-d'Antin. Je ne puis pas entrer chaque soir dans tous les théâtres de Paris ; j'en serai donc pour mes frais de toilette, de voiture, mes fatigues et mes ennuis.

Un soir, je vais rentrer chez moi plus tôt que de coutume et presque décidé à renoncer à mes recherches, lorsque je me rappelle M. de Réveillère. Comment se fait-il que, lancé dans les soirées, je n'aie pas encore songé aux siennes?... c'est aujourd'hui sa réunion, allons-y.

Je monte en cabriolet, et je me fais conduire. Chemin faisant, mille souvenirs me viennent à la pensée. La dernière fois que je suis allé chez M. de Réveillère, c'était aussi dans l'espérance d'y rencontrer une femme que j'aimais... que je pensais aimer toujours... Pauvre Clémentine ! mon Dieu! comment se fait-il que je l'ai oubliée si long-temps.. je ne l'aie pas revue depuis cette soirée où elle m'a quitté si tristement... et il y avait un peu de ma faute... Il y a près de quatre mois de cela, et j'ai pu ne point penser à elle... Oh ! c'est bien mal, cependant j'aime encore Clémentine... mais c'est cette inconnue... cette Adèle qui m'a troublé l'esprit... Oh ! je voudrais haïr cette femme-là!...

Si j'allais trouver, chez M. de Réveillère, Clémentine et son mari... et puis Adèle... et puis mon père... N'importe! allons toujours ; je ne cherche point le baron de Harleville, mais je n'ai aucune raison pour fuir sa présence. J'aurais bien du malheur si on le choisissait encore pour servir de témoin contre moi. Quant à M. Moncarville, j'ai dans l'idée qu'il ne conduit plus sa femme chez M. de Réveillère depuis qu'il m'y a rencontré. Reste donc Adèle... mais celle-là elle est introuvable.

En entrant chez M. de Réveillère, je

sens mon cœur se serrer... il me semble que dans cette maison il doit toujours m'arriver quelque chose. Je suis superstitieux... c'est une faiblesse, une folie, dit-on ; mais que l'on ait celle-là ou une autre, je n'y vois pas grand mal ! et je me méfie beaucoup des gens qui n'en ont aucune.

Toujours beaucoup de monde et une foule de nouveaux visages. Cette maison est vraiment amusante : c'est une lanterne magique vivante. Presque toutes les célébrités y sont venues depuis le consulat jusqu'à nos jours; on aurait pu y voir, en petit, une histoire de nos dernières révolutions; mais on n'apprendrait pas à y estimer les hommes !...

Quand on retrouve une figure de connaissance, on se sourit, on se rapproche, on éprouve un sentiment de plaisir, comme des voyageurs qui, sur une terre étrangère, retrouvent un compatriote.

Parmi les dames je cherche toujours... et lorsque de loin la taille, la tournure ont quelque analogie avec celle de mon inconnue, je m'approche bien vite de la personne... et mon cœur reste froid devant de fort jolis visages, parce que c'est d'un autre qu'il est occupé.

J'ai parcouru les salons, elle n'est pas ici : je vais m'asseoir contre l'embrasure d'une fenêtre ; mes yeux se promènent avec humeur autour de moi. Dans la pièce voisine un amateur vient de se mettre au piano, et on a formé un quadrille.

« Vous ne dansez pas? » me dit le jeune compositeur que j'ai déjà rencontré chez M. de Réveillère, dont il est un des fidèles habitués.

«— Non, je n'ai aucune envie de dan-
» ser.— Mon cher Arthur, toutes les fois
» que vous venez ici, vous avez quelque
» chose d'extraordinaire dans la physio-
» nomie. Si vous étiez un écrivain ro-
» mantique, je croirais que vous y avez
» rencontré un *cœur de femme* qui dé-
» chire votre *poitrine d'homme !...* mais
» vous, qui êtes si naturel et qui n'ou-
» trez jamais le sentiment, d'où vient
» que vous faites la moue à tous les ridi-
» cules qui vous environnent?... il n'en
» manque pas ici; il y a de quoi mois-
» sonner ! — J'ai quelque chose qui
» m'occupe en effet... — Vous ne ferez
» pas de conquêtes avec ce quelque
» chose-là !... — Je ne suis pas venu ici
» dans cette intention. — Moi, je n'y
» viens que pour cela. Au revoir. Je vais
» danser. »

Je prends un album que je feuillette pour avoir l'air de faire quelque chose. Il y a un quart d'heure que je regarde la même lithographie, lorsque deux jeunes gens viennent se jeter sur un sofa près de moi. L'un d'eux est le marquis de Follard.

Ses yeux se sont portés de mon côté comme je le regardais. Il me fait un salut très-aimable, comme si nous avions été les meilleurs amis du monde. Je lui rends son salut, et je continue de feuilleter mon album.

Un nouvel individu s'approche bientôt de M. de Follard en lui disant :

« Bon soir, cher ami. Tu viens bien
» tard ici?... — Mais, non... il n'est que
» dix heures. — As-tu amené ta char-
» mante cousine, madame d'Asveda?
» — Oui... elle est là-dedans... Je crois

« qu'elle danse déjà. — Elle est char-
» mante ta cousine!... Ah! je gage que
» tu lui fais la cour?... — Ma foi! non...
» je n'y ai jamais pensé! c'est une idée
» qui me viendra peut-être plus tard...
» — Quand madame d'Asveda sera re-
» mariée, n'est-ce pas?... — C'est bien
» possible... ce sera plus piquant! —
» Ah! le mauvais sujet! »

Follard se lève et s'éloigne en continuant de causer avec ses amis. Quelle est donc cette cousine si séduisante dont on vient de lui parler? Je ne sais pourquoi je suis curieux de voir cette madame d'Asveda; je me lève aussi, et je me dirige vers le salon où l'on danse.

A peine ai-je jeté les yeux sur les danseuses que je reste saisi, troublé. Je viens de la retrouver enfin!... Adèle est là!.. C'est sa vue qui m'a causé un frémissement que je ne puis rendre, une émotion que j'ai peine à cacher.

Elle est éblouissante de toilette et de charmes : c'est une des femmes les plus élégantes de la réunion; elle danse avec une grace parfaite. Tous les regards sont attachés sur elle; mais elle semble accoutumée à ce triomphe, et nullement embarrassée des hommages qu'elle reçoit. Je voudrais m'approcher... mais il faut traverser la danse... ou déranger du monde... attendons. Ah! que je voudrais être aperçu par elle... mais je suis caché derrière du monde. Mon cœur bat d'une force!... Savoir que j'ai possédé cette femme, que mes bras ont enlacé son corps, que ma bouche s'est reposée sur la sienne; ah! c'est là du bonheur, de l'ivresse!... mais ne pouvoir maintenant obtenir un de ses regards... être obligé d'attendre que cette danse finisse!.. c'est un supplice... mon sang bouillonne d'impatience et d'amour.

Voulant au moins profiter de ma rencontre pour apprendre quelque chose, je questionne un de mes voisins.

« Connaissez-vous cette jolie dame qui
» danse en face de nous?—Celle qui a
» des fleurs ponceau sur la tête?—Oui,
» justement.—C'est madame d'Asveda...
» — Ah! la cousine de M. de Follard.—
» Oui, la cousine, à ce qu'il dit! car dans
» le monde on se fait très-facilement des
» cousins et des cousines...—Vous pen-
» seriez?—Moi, je ne pense rien!...—
» Cette dame est veuve?—Oui, veuve
» d'un Espagnol soi-disant.—Comment!
» soi-disant?—Écoutez donc, je ne l'ai
» pas connu cet Espagnol!... du reste
» cette dame est très-jolie, très-élégante

» et très-coquette, à ce que je crois...
» mais je suis fâché qu'elle soit présentée
» ici par Follard qui, suivant moi, est
» un triste sujet et une bien mauvaise
» recommandation. »

Je ne réponds plus à mon voisin, mais intérieurement je pense comme lui, et je suis fâché qu'Adèle soit la cousine de Follard. Enfin la danse a cessé, les dames sont reconduites à leurs places. J'attends qu'Adèle soit assise. Ah, mon Dieu! sa sœur est là! Cette affreuse Clara, c'est auprès d'elle que madame d'Asveda est allée s'asseoir. N'importe, cela ne m'empêchera pas de parler à Adèle. Lui parler... mais le dois-je?... c'est la compromettre peut-être... Que faire?...

Je suis tellement troublé, tellement indécis sur ce que je dois faire, que je reste devant une des portes du salon, me faisant coudoyer par tous ceux qui entrent ou qui sortent et n'ayant pas l'esprit de m'ôter de là.

Je me décide pourtant. Je m'avance du côté où les deux sœurs sont assises... Je m'arrête presque devant elles... Clara m'a vu la première. Une vive rougeur colore son visage, elle se trouble et pousse le bras de sa sœur, à laquelle elle parle bas. Adèle lève les yeux, nos regards se rencontrent... Mais quelle expression d'indifférence... de fierté!... elle ne veut pas me reconnaître. Ah, c'en est trop! ce coup d'œil presque insultant me rend toute mon assurance. Après avoir assez long-temps attaché mes regards sur ces dames de manière à ce qu'elles ne pussent douter que je les reconnais, je saisis le moment où il y a une place vacante derrière leurs chaises et je vais m'y installer.

Je suis certain que mon voisinage gêne, mais on n'ose pas se lever ; d'ailleurs il n'y a pas d'autres siéges vacans dans le salon. Elles se parlent bas, quelquefois Clara tourne un peu la tête de mon côté, puis elle la retourne bien vite. Mais Adèle ne fait pas un mouvement pour me voir. Quelques jeunes gens viennent lui adresser la parole ; elle rit, elle plaisante avec eux, elle semble ne plus songer que je suis derrière elle.

La conduite de cette femme m'indigne : m'avoir enivré d'amour et me traiter maintenant avec ce mépris!... car l'indifférence est du mépris, dans cette circonstance... Ah, c'est affreux ! Je sens que j'étouffe, et que je ne pourrais résister long-temps à ce que j'éprouve.

Elle pouvait vouloir cacher notre liaison sans m'accabler de ce froid regard; une femme n'a-t-elle pas mille moyens de nous montrer le fond de sa pensée, sans que le monde connaisse son secret. Mais rien!... rien!... on ne veut plus me connaître!... on veut peut-être nier que l'on m'a connu.

Je n'y tiens plus; je rapproche ma chaise, je me penche vers elle et lui dis tout bas :

« Il me paraît, madame, que vous
» oubliez bien vite les heureux que vous
» faites... »

Elle ne répond pas. Je continue :

» Dans un salon, on peut sans que
» cela tire à conséquence causer avec ses
» voisins, vous pouviez donc me parler
» sans que pour cela on devinât notre
» liaison. Mais vous préférez ne plus voir

» en moi qu'un étranger; vous aurez
» beau faire, madame, mon cœur a de
» la mémoire pour deux. »

Toujours le même silence. Cette femme-là veut mettre ma patience à l'épreuve. Mais le piano se fait entendre, on va danser de nouveau; je me lève, je présente ma main à Adèle : elle hésite... je prends sa main, je l'entraîne, sans attendre qu'elle m'ait répondu.

Nous dansons; ma main a pressé la sienne, et sa main est restée muette; je profite d'un instant où nous nous reposons pour lui dire à l'oreille :

« Que t'ai-je donc fait pour que tu me
» traites aussi froidement? »

Une vive rougeur lui monte au visage, et cette fois elle me répond :

« Je ne conçois pas, monsieur, que
» vous vous permettiez de me parler

» ainsi... — Comment!.. tu as donc ou-
» blié cette nuit délicieuse que nous
» avons passée à nous promener dans les
» rues de Paris et les voleurs qui t'ont
» fait si peur... et cette citadine... où je
» fus si heureux?... — Monsieur, par
» grace... je vous en supplie... je vous
» assure que vous vous méprenez.—Oh!
» par exemple, madame, voilà qui est trop
» fort!... Que vous ne m'aimiez plus...
» que je n'aie été pour vous qu'un ca-
» price!... une idée bizarre... je le con-
» çois fort bien; mais prétendre que je
» me trompe, que je n'ai pas le droit de
» vous parler... comme je le fais, c'est
» ce que vous ne pouvez me prouver...
» Mais calmez-vous, madame, calmez-
» vous... je me suis peut-être laissé em-
» porter par un sentiment trop vif... j'ai
» voulu vous rappeler un bonheur...

» trop court pour moi... j'ai eu tort,
» sans doute, puisque ce bonheur n'est
» plus qu'un songe pour vous, et désor-
» mais... »

La figure ne me permet pas de continuer; trop de monde nous entoure ensuite pour que je puisse reprendre mon discours. La contre-danse est terminée, je reconduis ma danseuse, que je salue d'un air fort respectueux; elle ne répond à mon salut que par un regard qui me semble exprimer la colère. Je m'éloigne, je suis un peu plus satisfait, parce que je lui ai dit ce que je pensais. Peu m'importe son courroux, je le préfère à son indifférence.

Il n'y a plus de place derrière ces dames, d'ailleurs je ne m'y serais pas remis; mais je reste dans le salon, et, sans y mettre d'affectation, j'ai soin de ne point les perdre de vue. Je m'aperçois que les deux sœurs ont une conversation fort animée, je ne saurais douter que je n'en sois l'objet. Adèle a les yeux étincelans, mais je crois que, maintenant, c'est le dépit qui les anime. Clara semble faire tous ses efforts pour la calmer et avoir beaucoup de peine à y parvenir.

Follard revient dans le salon. Il cause avec ces dames, et moi je tâche d'obtenir, d'un jeune homme que j'ai vu parler avec lui, de nouveaux renseignemens sur Adèle.

« Elle est fort bien la cousine de M. de
» Follard!... — Oui, c'est une jolie fem-
» me... — C'est une veuve? — Oui... et
» je crois qu'elle cherche à se faire épou-
» ser par quelque vieux qui ait des
» écus... C'est une femme qui aime à
» briller... il lui faut de l'argent... elle

» ne se laissera pas prendre par le senti-
» ment, elle tient au solide; mais, mal-
» gré cela, je gage un dîner au Rocher
» de Cancale que celui qui l'épousera
» sera cocu... Tenez-vous le pari?... —
» Non, j'aurais trop peur de perdre...
» Reçoit-elle beaucoup de monde...—Je
» ne crois pas; ce n'est pas encore une
» maison montée, c'est une maison à
» faire... il n'y a pas long-temps qu'on
» voit cette dame... elle a beaucoup voya-
» gé à ce qu'il paraît, elle est allée en
» Angleterre... espérant sans doute y de-
» venir la femme de quelque lord; mais
» il paraît que nos voisins d'outre-mer
» se sont contentés d'être galans et n'ont
» pas voulu être plus. Follard promène
» sa cousine, mais Follard ne l'épousera
» pas, il n'a pas le sou... C'est un char-
» mant garçon, mais il mangerait la

» France et la Navarre. Il me doit même
» encore mille francs du jeu... et il faut
» que j'attende qu'il ait une veine pour
» rentrer dans mon argent, aussi j'ai
» bien juré de ne jamais rejouer avec un
» ami. »

Le jeune homme allait continuer ses obligeantes observations, lorsque je m'aperçois que madame d'Asveda et sa sœur se lèvent; Follard leur donne la main. Ils sortent du salon; je les suis de loin. Je vois ces dames qui vont mettre leurs châles; elles vont partir. Je descends sans être aperçu et je vais me placer dans la rue, dans un enfoncement obscur, mais d'où je distingue parfaitement la porte de M. de Réveillère. Mes deux dames ne tardent pas à paraître; Follard est avec elles. Il appelle un fiacre; il y en avait plusieurs stationnés à peu de distance. La voiture arrive, les dames montent. Follard ne les suit pas, il retourne chez M. de Réveillère; et moi je suis la voiture qui emmène Adèle et sa sœur.

On ne me fait pas courir bien loin. Le fiacre s'arrête rue Sainte-Anne. Je me mets de nouveau dans un renfoncement; les dames descendent, frappent. La porte s'ouvre, puis se referme sur elles; et moi, après avoir examiné la maison afin d'être certain de la reconnaître, j'appelle la voiture qui s'éloignait et je monte dedans pour me faire reconduire chez moi.

Il y a quelques minutes que le fiacre roule; il n'y a plus de boutiques éclairées dans les rues, il doit être plus de minuit; et dans la voiture qui m'emmène il règne une obscurité qui me rappelle la citadine dans laquelle j'étais seul avec

Adèle. Adèle!... qui tout à l'heure aussi occupait cette voiture... et qui ne veut plus se rappeler les momens délicieux qu'elle m'a fait passer. Cette femme est inconcevable! si du moins elle avait mis dans sa conduite de ces formes polies, qui adoucissent une disgrace, si elle m'avait débité quelques-unes de ces histoires que les femmes savent si bien inventer pour nous prouver que ce n'est pas leur faute si elles ne nous aiment plus, j'aurais pu lui pardonner. Mais me traiter avec une hauteur insultante, nier ce qui s'est passé entre nous, s'offenser de ce que je lui parle... avec intimité... voilà ce que je ne puis supporter avec patience... et, ce qui redouble mon dépit, c'est que jamais je ne l'avais vue si jolie!... et malgré ma colère je sens que j'en suis toujours amoureux.

Irai-je chez elle?... Pourquoi?... pour être mal reçu... pour que l'on me dise qu'on ne me connaît pas... Oh! elle ne l'oserait pas; d'ailleurs n'ai-je pas ses lettres que j'ai toutes conservées; mais qui me dit que c'est elle qui a écrit ces lettres?... Ne peut-elle pas s'être servie d'une main étrangère? Après tout, quand même elle aurait écrit ces billets, je n'en veux faire aucun usage; je ne puis pas forcer cette femme à m'aimer, et je suis un sot de l'aimer encore. Je ferai beaucoup mieux de ne point me présenter chez elle.

En faisant ces réflexions, ma main vient de se porter sur le coussin près de moi; je sens quelque chose... c'est un joli petit sac en velours avec des glands d'or, de ces jolis ridicules dans lesquels nos élégantes mettent leur mouchoir. Je me rappelle maintenant qu'Adèle en avait un sur ses genoux; plus de doute, c'est le sien qu'elle a oublié dans la voiture : ma foi, voilà un prétexte tout trouvé pour aller chez elle ; je lui reporterai le petit sac de velours... c'est le destin qui le veut ainsi, puisqu'il m'a fait prendre cette voiture et trouver ce qu'elle y a laissé.

Mais le sac ne contient pas qu'un mouchoir; je sens quelque chose de dur... ce sont des tablettes... oui ce doit être un petit souvenir. Oh! quel plaisir d'examiner tout cela quand je serai chez moi. Ah! madame d'Asveda, je vais peut-être avoir sur votre compte des renseignemens plus positifs!... Ce souvenir n'est fermé que par un crayon; et, dussé-je être coupable d'indiscrétion, je suis d'avance décidé à le visiter; lorsqu'une femme se conduit avec un homme comme Adèle vient de le faire à mon égard, je crois que l'on peut bien pardonner à celui-ci un mouvement de curiosité.

La voiture me met à ma porte, j'emporte ma précieuse trouvaille, et je me hâte de monter chez moi.

CHAPITRE II.

QUID FEMINA POSSIT.

Seul chez moi, ma première occupation est d'examiner à la lumière ce que j'ai trouvé dans la voiture. C'est un petit sac en velours violet avec des gauses et des glands d'or. Je trouve dedans un mouchoir de batiste; sur un des coins est un chiffre en lettres gothiques artistement brodé : c'est un A et un D. C'est bien cela : Adèle d'Asveda. L'autre objet que renfermait le sac est un charmant petit souvenir tout en nacre de perles avec charnières d'or ; l'intérieur est en soie ponceau. J'ôte le crayon qui le tient fermé ; j'examine sur le papier, quelques lignes y sont tracées au crayon : c'est bien mal écrit : essayons de déchiffrer pourtant :

» *J'ai encore prêté trente napoléons à*
» *Follard, ça fait quatre-vingts qu'il me*
» *doit...* »

Ah ! le cousin emprunte, non-seulement au jeu, mais encore à sa cousine, cela me semble dénoter une bien grande intimité : voilà qui ne me prévient nullement en faveur du soi-disant marquis, et ajoute au contraire à la mauvaise opinion que j'avais de lui. Poursuivons :

Lord Smitson. Street-kings. London.

C'est l'adresse d'un Anglais... avec lequel sans doute on est en correspondance!... Voyons encore :

« *Faire envoyer à Londres, à ma bonne
» amie Thérésine, les modes les plus
» nouvelles; des robes, chapeaux,
» fleurs, rubans, ceintures, etc. M'a-
» dresser pour cela à la maison Pau-
» chet, Duhamel et Guénier, qui fait la
» commission pour la France et l'étran-
» ger. Adresse, rue de Bondy, n° 64.* »

Ceci n'a rapport qu'à des objets de toilette... Je ne lis plus rien qui puisse m'intéresser; seulement, je vois fort bien que cette écriture n'est pas celle des lettres que j'ai reçues; ainsi, comme il est présumable que ces notes ont été tracées par Adèle, ce n'est donc pas elle qui m'écrivait ces billets si aimables, si spirituels.

Mais qui donc les a écrits, alors? Ah!... dans la poche du souvenir, je sens quelques papiers... ce sont deux lettres... Les lirai-je?... Elles sont ouvertes... Si elles étaient cachetées, certainement je les respecterais. Mais elles sont ouvertes... ce sont des billets doux probablement, et de son Anglais, je gage...Voyons seulement sur le timbre si cela vient de Londres.

Je regarde la suscription d'un des billets; l'écriture me frappe; je la connais... je la considère quelques instans pour aider ma mémoire...Grand Dieu!... je me rappelle maintenant cette écriture, que depuis long-temps je n'ai pas eu occasion de revoir... c'est celle de mon père. Un froid glacial me parcourt... mon père écrit à Adèle!... oui, la lettre est bien adressée à madame d'Asveda. Il connaît la cousine de Follard... Ah! quel souvenir vient m'éclairer! je me rappelle maintenant les paroles du jeune marquis; lorsque nous devions nous battre, il a dit au baron : *En vérité, je ne vous ai jamais vu si agité, même quand vous avez pris la défense de ma jolie cousine;* et ce duel que mon père a eu à Londres.... ce duel pour une jolie femme... c'était pour Adèle, je n'en saurais douter à présent.

Je reste quelques instans absorbé dans mes pensées, tenant dans mes mains ce billet que je n'ose plus lire parce qu'il est de mon père; je ne puis rendre l'angoisse que j'éprouve à la seule idée que j'ai peut-être été le rival de mon père... s'il apprenait cela! lui qui déjà me témoigne tant d'aversion!... et pourtant, suis-je coupable?.. pouvais-je deviner la liaison du baron avec Adèle?

Je n'y tiens plus, il faut que je sache toute la vérité ; j'ouvre le billet, et je lis :

« Mon aimable et charmante amie, je
» suis enchanté de vous savoir de retour
» à Paris ; vous ne pouvez pas douter
» du plaisir que j'aurai à vous revoir ;
» je profiterai souvent de la permission
» que vous me donnez d'aller vous te-
» nir compagnie. Les momens que j'ai
» passé à vos côtés m'ont toujours
» semblé trop courts ; si vous pensez de
» même, je serai trop heureux. En at-
» tendant que quelques affaires qui
» m'appellent à la campagne me laissent
» le loisir d'aller vous voir, veuillez re-
» cevoir les hommages de votre plus sin-
» cère adorateur.

» Le baron DE HARLEVILLE. »

Cette lettre ne dit rien de bien positif,

si ce n'est que mon père est du nombre des adorateurs de madame d'Asveda ; mais une jolie femme en a toujours un grand nombre à sa suite, et cela ne prouve pas qu'ils soient tous heureux. Cependant je suis attristé de savoir que le baron connaît Adèle ; s'il s'est battu pour elle, il faut qu'elle lui inspire quelque chose de plus que ces hommages banals qu'un homme galant adresse à toutes les jolies femmes. Cette idée est cruelle... S'il l'aimait vraiment et que... Ah ! madame d'Asveda, qu'avez-vous fait?

Il y a encore une lettre dans la poche du souvenir; celle-ci est toute chiffonnée ; à l'adresse seule je vois que cela ne vient pas d'un adorateur, ou il faudrait que ce fût un cuisinier. Quelle affreuse écriture !.. Mais voilà qui est singulier, il me semble aussi la reconnaître...

J'ouvre la seconde lettre ; je cours à la signature... je ne m'étais pas trompé, celle-ci est de Juliette. Adèle connaît Juliette ! voilà qui pique encore plus ma curiosité. Tâchons de déchiffrer ce que madame Ulysse a voulu écrire.

« Madame, je me rendrai demain chez
» vous pour y causer de notre projet.
» Clara m'a dit que vous seriez assez
» bonne enfant pour m'aider à me ven-
» ger. D'ailleurs les femmes doivent tou-
» tes se servir et s'entr'aider pour se
» moquer des hommes qui sont tous des
» polissons à notre égard ; c'est pourquoi
» il ne faut pas se gêner pour les *faire al-*
» *ler :* je compte donc sur vous, je vous
» donnerai tous les renseignemens sur
» mon traître. A demain matin ; Clara
» m'a dit que vous m'attendriez à déjeu-

» ner avec du chocolat; mais le chocolat
» me barbouille le cœur, et si ça vous
» est égal, j'aime mieux un beefteack.
» Votre très-humble et dévouée,

» JULIETTE, dite femme ULYSSE. »

Cette lettre m'intrigue. Juliette va chez Adèle... depuis quand ? Sa lettre semble ancienne, mais elle n'est pas datée. Quel est ce projet dont on doit s'occuper ? cet homme dont on veut se venger ? Je ne sais pourquoi il me semble que je dois être mêlé dans cette affaire. Maintenant, partout où je vois Juliette, je redoute quelque perfidie; la lecture de cette lettre fait travailler mon imagination; je me couche en cherchant à deviner pourquoi Juliette voulait aller prier Adèle de l'aider dans une vengeance. Je ne puis débrouiller les fils de cette intrigue, et le souvenir de mon père, qui vient se joindre à tout cela, augmente encore mon anxiété. Mais je suis décidé à aller le lendemain chez madame d'Asveda; je lui reporterai ce que j'ai trouvé dans la voiture : voilà un motif pour me présenter; et chez elle peut-être daignera-t-elle m'expliquer enfin sa conduite.

Je m'endors avec ce désir permanent chez les hommes d'arriver au lendemain, qui doit toujours être meilleur que la veille, et ce désir, quand il est bien vif, a le grand inconvénient de nous laisser peu dormir. Je suis donc éveillé de bonne heure; je sens bien qu'il n'est pas l'heure de me présenter chez une petite maîtresse; et mon inconnue, que je connais maintenant, m'a paru en avoir toutes les habitudes; mais comme je ne me sens nullement disposé à travailler, je me hâte de m'habiller, je déjeune, puis je sors après avoir eu soin de mettre le petit sac de velours dans une des poches de mon habit.

Le temps est beau ; je vais me promener aux Tuileries : ce n'est pas encore l'heure où il y a du monde, et c'est précisément celle où ce beau jardin me plaît le plus. Je puis maintenant y rêver tout à mon aise sans craindre d'être coudoyé ni de me jeter dans le nez de quelqu'un : j'y attendrai le moment de me rendre chez Adèle, tout en faisant de nouvelles conjectures sur les deux lettres que renfermait son souvenir.

Il y a déjà long-temps que je suis aux Tuileries, lorsqu'un petit garçon vient se jeter presque dans mes jambes en me disant : « Prenez garde, monsieur, vous

» allez marcher dans mon cerceau. »

Je m'arrête pour que l'enfant ramasse son jouet, et je regarde cette petite tête qui est presqu'à mes pieds. L'enfant lève les yeux en ramassant son cerceau. Je connais la figure de ce petit garçon, et, pendant que je cherche à me rappeler où je l'ai vu, le petit bonhomme me sourit en s'écriant : « Ah! monsieur, je
» vous reconnais !.. c'est vous qui m'a-
» viez donné de si beaux boutons de
» chemise... en or... et que maman a
» vendus le lendemain. »

Se pourrait-il! C'est le petit Oscar, le fils de Juliette! mais, au lieu d'être déguenillé comme autrefois, il est habillé tout à neuf et avec élégance. Pendant que je considère l'enfant, il reprend :

« Est-ce que vous ne me reconnaissez
» pas, monsieur... vous êtes pourtant

» venu à ma pension... C'était pendant
» l'heure de la *récréation* et mes cama-
» rades ne voulaient pas jouer avec moi
» parce que j'étais trop sale...

» — Oui, je vous reconnais, mon ami,
» je me rappelle fort bien tout cela ; mais
» il me paraît qu'il s'est fait un grand
» changement dans votre position, et
» maintenant vos camarades ne refu-
» seraient plus de jouer avec vous.

» Ah, dame! je suis beau à présent...
» n'est-ce pas!... je suis bien heureux,
» je ne suis plus avec maman; j'ai re-
» trouvé mon papa, et je suis avec lui;
» oh! j'aime bien mieux ça!... je mange
» de bonnes choses à présent!... —Votre
» papa?... Comment!... vous êtes chez
» votre papa!... — Oui, tenez... Le
» voilà là-bas... Ah! le voilà qui vient me
» chercher; j'en ai un peu peur de papa,

» parce qu'il ne rit jamais... mais c'est
» égal, je suis bien heureux chez lui...
» et je ne mange pas que des pommes de
» terre à présent. »

Pendant que le petit Oscar parlait, je regardais ce monsieur qui venait à nous : c'est monsieur Moncarville. Juliette ne m'a pas trompé en me disant que c'était le père de son enfant.

Monsieur Moncarville qui venait chercher son fils ne m'avait pas encore envisagé ; mais il vient de me reconnaître sans doute, car tout à coup je le vois qui s'arrête à une dizaine de pas de nous, sa figure devient sombre, ses épais sourcils se rapprochent, et il s'écrie d'un ton de colère : « Oscar, venez... venez
» donc, monsieur !...

» —O mon Dieu !... comme papa a l'air
» fâché ! » dit l'enfant ; « est-ce que c'est

» ma faute si mon cerceau a roulé par ici..
» Adieu, monsieur. — Adieu, mon ami. »

Oscar, me fait un gracieux sourire, puis court près de son père, qui lui prend la main et l'emmène brusquement sans lui permettre de rejouer au cerceau.

Voilà une rencontre qui me jette dans un nouvel étonnement. M. Moncarville a pris son fils avec lui : cela me semble bien singulier; comment aura-t-il présenté cet enfant à sa femme ?... Si c'était comme un orphelin confié à ses soins, le petit Oscar ne l'appellerait pas son papa, je n'y comprends plus rien... Je sais bien que Clémence est assez bonne pour traiter comme son fils un enfant naturel de son mari ; mais cependant par respect pour les convenances, pour sa famille, M. Moncarville n'aurait pas agi si ouvertement... tout cela m'inquiète; je voudrais bien maintenant avoir des nouvelles de Clémence, savoir par elle toute la vérité; mais elle ne m'écrit plus, et je sens que je l'ai bien mérité. Pourtant je me plais à penser qu'elle m'aime toujours; j'ai pû être infidèle, moi, mais elle, il me semble qu'elle ne le peut pas. Ces réflexions m'ont presque fait oublier madame d'Asveda : le petit sac de velours, que je sens dans ma poche, me rappelle le but de ma sortie; je puis maintenant sans indiscrétion me présenter chez la cousine de M. de Follard, et je me rends rue Sainte-Anne.

C'est bien singulier, je n'éprouve plus la même émotion qu'hier en songeant que je vais revoir Adèle... Hier, en la regardant danser, en la voyant brillante de graces, de parures, je l'adorais même après ses dédains; malgré la fierté, l'indifférence de ses regards, j'aurais donné tout au monde pour me retrouver seul avec elle, pour la presser encore une fois dans mes bras; mais depuis que je sais qu'elle a reçu les hommages de mon père, il me semble que mon amour s'est dissipé... mes souvenirs sont mêlés de craintes, mes désirs sont évanouis. Si j'étais le rival du baron!... Cette idée me glace... m'obsède... elle se place toujours entre Adèle et moi : mon amour pour cette femme me semble maintenant un crime, et je donnerais tout au monde pour ne l'avoir pas connue.

C'est dans ces dispositions, qui ne sont rien moins qu'amoureuses, que j'arrive à la demeure d'Adèle. Je demande au portier madame d'Asveda; on m'indique le logement au second, et je vais sonner chez cette dame.

Une domestique m'ouvre :

« Madame d'Asveda? — C'est ici, mon-
» sieur. — Y est-elle ? — Oui, monsieur.
» — Puis-je la voir? — Votre nom,
» monsieur? — Arthur. — Si vous vou-
» lez attendre dans ce salon, je vais aller
» prévenir madame. »

Je passe dans un salon assez élégant où l'on me laisse seul. Je m'assieds et je réfléchis. Comment va-t-elle me recevoir?.. et voudra-t-elle me recevoir? Oui, sa bonne m'ayant dit qu'elle était chez elle, elle n'osera pas refuser de me voir ; je vais lui rendre son sac de velours, mais je ne puis lui parler ni de mon père, ni de Juliette : ce serait avouer que j'ai ouvert son souvenir, et, à moins qu'elle ne me fournisse elle-même l'occasion d'aborder ce sujet, je ne saurai rien sur ce dont je suis si curieux de m'éclaircir. Ah! si

Adèle voulait être avec moi, franche, sincère... si elle voulait me parler avec cet abandon qu'elle avait cette nuit où nous nous sommes tant promenés, je saurais toutes ses liaisons, tous ses secrets... mais pour cela il faudrait qu'elle ne fût plus la dame que j'ai vue chez M. de Réveillère, et qu'elle redevînt mon aimable inconnue.

Je me suis dit tout cela et bien autre chose encore ; car il y a fort long-temps que je suis dans le salon et on m'y laisse seul. Je regarde ma montre ; il me semble qu'il y a près d'un quart d'heure que je suis là. Mais probablement Adèle n'avait pas terminé sa toilette, elle est très-coquette, elle doit rester beaucoup de temps devant son miroir : patientons. Je m'étonne pourtant que l'on prenne tant de soin pour être jolie, quand c'est pour recevoir quelqu'un que l'on n'aime plus, et certainement je dois penser cela d'après la manière dont on m'a traité la veille.

Un autre quart d'heure s'écoule; je me lève, je me promène dans le salon, je tousse, je chante; on m'a peut-être oublié, et en faisant du bruit j'espère qu'on se rappellera que je suis là. Mais, non, il est impossible qu'on m'ait oublié; ma visite doit être un événement pour madame d'Asveda, et me laisser attendre ainsi!... Je vois là-dedans de l'impertinence, de la méchanceté; le sang me monte au visage... si l'on craint que je vienne encore parler de mon amour, on se trompe bien! ce n'est plus ce sentiment qui m'anime. On espère peut-être que, lassé d'attendre, je m'en irai: mais pas du tout; je resterai toute la journée s'il le faut, j'y mettrai aussi de l'entêtement.

J'entends marcher dans l'antichambre par laquelle je suis entré; je cours ouvrir la porte du salon; j'aperçois la domestique qui m'a reçu.

« Mademoiselle, voilà bien long-temps
» que j'attends pour parler à votre maî-
» tresse; est-ce que vous ne lui avez pas
» dit que j'étais là? — Pardonnez-moi,
» monsieur, c'est que madame n'était
» pas habillée... — L'est-elle mainte-
» nant?—Je crois que oui, monsieur...
» —Vais-je la voir enfin?—Dans un petit
» moment, monsieur. — Ecoutez, ma-
» demoiselle, si votre maîtresse espère
» que, lassé d'attendre, je quitterai la
» place, dites-lui bien qu'elle se trompe,
» je suis très-décidé à ne pas m'en aller
» sans l'avoir vue. D'ailleurs j'ai quelque
» chose à lui remettre que je ne don-

» nerai qu'à elle-même.—Oh! monsieur,
» ce n'est pas là l'idée de madame, cer-
» tainement... elle veut vous recevoir...
» dans un petit moment, monsieur. —
» A la bonne heure! j'attendrai alors. »

Je retourne dans le salon; je me jette sur une ottomane et j'y attends qu'il plaise à la maîtresse du logis de se montrer à mes regards.

Dix minutes s'écoulent encore : enfin on ouvre la porte du salon... mais c'est toujours la domestique qui paraît.

« Monsieur, si vous voulez me suivre, je
» vais vous conduire près de madame...
» —Comment... est-ce que madame n'est
» pas levée?...—Oh! si, monsieur, mais
» c'est qu'elle vous attend dans son bou-
» doir.—Allons, mademoiselle, je vous
» suis. »

Ah! madame veut me recevoir dans

son boudoir... qu'est-ce que cela veut dire... j'aurais fort bien deviné il y a quelques jours, mais à présent... n'importe, allons au boudoir de madame.

La domestique ouvre une autre porte du salon, me fait traverser une pièce, puis un couloir, puis ouvre une porte, et me fait passer devant elle, en disant : « Ma-» dame, voilà ce monsieur, » et referme aussitôt la porte sur moi.

Je me trouve alors dans une toute petite pièce, où il fait si peu jour, que dans le premier moment je ne vois pas autour de moi. Cependant ce boudoir a une croisée, mais en dehors les persiennes sont fermées, et en dedans de doubles rideaux blancs et cramoisis absorbent tellement la lumière, qu'elle n'arrive plus que sombre et incertaine. Je sais que la beauté aime le demi-jour, mais celui-ci me semble outré. Cependant je me frotte les yeux ; au bout d'un moment j'y vois un peu plus, et j'entends une voix me dire : « Eh bien ! monsieur, venez donc » vous asseoir près de moi. »

J'ai reconnu la voix d'Adèle, elle est redevenue douce comme la nuit où je fus si heureux. J'aperçois à ma droite, dans un petit renfoncement, au fond duquel est une glace, une dame assise sur un divan. Mais quelle est ma surprise en la retrouvant mise comme elle l'était la nuit où nous nous sommes promenés ensemble ! même robe, même châle, même chapeau, même voile rabattu sur sa figure !... elle a donc voulu que je la retrouvasse telle que je la vis lors qu'elle me rendit heureux... Cette attention à reprendre ce costume me semble une marque d'amour ; je me sens tout ému, troublé, et je reste debout devant elle ne sachant plus que lui dire.

Elle me fait encore signe de m'asseoir près d'elle, je vais me placer sur le divan. Elle me donne sa main et serre tendrement la mienne.

« Mais, madame, quelle singulière
» femme êtes-vous donc? » dis-je en me rapprochant d'elle, « hier vous ne vou-
» liez plus me reconnaître, vous vous of-
» fensiez de ce que je vous rappelais une
» nuit charmante. Aujourd'hui vous
» vous offrez à moi telle que vous étiez
» cette nuit-là!

» — Hier... devant le monde... j'étais
» forcée de me conduire ainsi!... — For-
» cée... oh! rien ne vous empêchait de
» m'adresser tout bas quelques mots de
» consolation, d'amitié; et d'ailleurs
» votre oubli, votre silence avec moi de-
» puis cette nuit... — Les circonstances
» m'y obligeaient. — Par exemple, je

» ne sais pas si ce sont encore les circon-
» stances qui vous obligent à porter ce
» voile et à me cacher votre visage; mais
» vous me permettrez, j'espère, de le voir
» ailleurs que dans le monde... — Oh!
» monsieur, pas encore, je vous en
» prie... — Pourquoi donc cela, ma-
» dame?... que signifie ce voile dans ce
» boudoir déjà si sombre... — Je l'ôterai
» tout à l'heure... — Non... sur-le-
» champ. »

Cette obstination à me cacher ses traits me semble singulière, je vais lui enlever son voile... lorsqu'on ouvre tout à coup une porte en face de nous. Au même instant les rideaux sont tirés, les persiennes ouvertes, une vive clarté a remplacé l'obscurité qui nous environnait, et une dame entre en riant dans le boudoir.

Je l'ai regardée... et je reste immobile, ne sachant si je rêve… Cette femme, c'est madame d'Asveda… c'est Adèle… Je reporte enfin les yeux sur celle qui est assise à côté de moi… le chapeau, le voile ont disparu, et je reconnais Clara… la hideuse Clara!… Ah! je comprends maintenant toute la vérité, je vois de quelle perfidie j'ai été la dupe, et Juliette, qui paraît aussi à l'entrée du boudoir et mêle ses éclats de rire à ceux d'Adèle, achève de me donner, par sa présence, l'explication de sa lettre et le nœud de toute cette intrigue.

« Eh bien! monsieur, » me dit Adèle lorsque sa gaîté est un peu calmée, « avais-je tort hier de vous assurer que
» vous vous mépreniez, lorsque vous me
» parliez de la nuit délicieuse que vous
» aviez passée avec moi… Ah!… si vous
» aviez dit cela à ma sœur!… à la bonne

» heure... elle aurait pu vous répondre,
» car il est probable qu'elle n'a pas ou-
» blié tout l'amour que vous lui avez
» témoigné cette nuit-là... Ah! ah! ah!
» convenez, monsieur, que voilà une
» intrigue qui a été parfaitement me-
» née?... Tenez, voilà l'auteur du com-
» plot... car moi je ne vous connaissais
» pas, et je n'avais aucune raison pour
» vous jouer cette plaisanterie; mais
» madame vous en veut beaucoup!...
» et puis ma pauvre sœur était passion-
» nément amoureuse de vous!... vos ro-
» mans lui avaient tourné la tête!.. J'ai
» servi l'amour de l'une, et la haine de
» l'autre... est-ce que je n'ai pas bien fait,
» monsieur? »

Je ne trouve rien à répondre, je suis atterré par ce qui m'arrive ; je porte tour à tour mes yeux sur Adèle et sur Juliette;

quant à Clara, j'évite au contraire de rencontrer ses regards; mais de son côté la pauvre fille semble plus honteuse que triomphante, elle tient sa tête baissée, et ne souffle pas mot.

Juliette s'approche de moi, et me dit d'un ton moqueur :

« Est-ce que vous m'en voulez, mon-
» sieur, de vous avoir rendu amoureux
» de madame d'Asveda? Oh! j'étais bien
» certaine qu'il vous suffirait de voir une
» fois madame pour vous passionner
» pour elle!... A la vérité, madame ne
» vous aime pas et s'est moquée de
» vous!... mais Clara vous adore, cela
» doit vous dédommager; cependant
» lorsqu'à la sortie du spectacle elle a
» pris la place de sa sœur, et a consenti
» à se promener avec vous, elle ne pen-
» sait pas qu'il s'ensuivrait des choses...

» si tendres!... mais aussi vous êtes ter-
» rible, monsieur, avec vous une femme
» de soixante ans ne serait pas en sû-
» reté!... »

Les éclats de rire recommencent; mais ils ne me blessent plus. Une réflexion, un souvenir viennent de rendre la paix à mon ame; je me lève et je dis à Juliette d'un air fort tranquille :

« Vous venez, madame, de me ren-
» dre un bien grand service, de soulager
» mon ame d'un poids qui l'oppressait,
» de lui faire retrouver le calme qu'elle
» avait perdu. Loin de vous faire aucun
» reproche, ce serait des remercîmens
» que j'aurais à vous adresser; mais vous
» pourriez ne pas les comprendre, c'est
» pourquoi je m'en abstiendrai.

» Madame d'Asveda s'est amusée à
» mes dépens, parce que j'osais être

» amoureux d'elle, je sens maintenant
» que j'avais grand tort! et c'est une
» faute dans laquelle je lui jure de ne
» plus retomber. Quant à mademoiselle
» Clara, elle doit être l'auteur des let-
» tres spirituelles que j'ai reçues, et je
» n'ai aucun regret de la promenade que
» nous avons faite ensemble, et pendant
» laquelle je n'ai pas éprouvé un mo-
» ment d'ennui, ce qui me serait proba-
» blement arrivé avec une femme plus
» jolie et moins aimable. Maintenant je
» vais rendre à madame d'Asveda un pe-
» tit sac qu'elle a oublié hier dans une
» voiture; car c'est dans le seul but de le
» lui rapporter que je m'étais présenté
» chez elle, et non pas, comme elle pour-
» rait le croire, dans l'intention de lui
» faire ma cour. »

Ces dames sont toutes décontenancées

à leur tour. Adèle rougit de dépit, Juliette se mord les lèvres de colère, la pauvre Clara me regarde en dessous. On s'attendait probablement à me voir furieux, indigné du tour qu'on m'avait joué; on se serait moqué de ma colère; mais mon air tranquille dérange tous leurs plans, et Adèle reçoit d'un air troublé le petit sac que je lui présente. Cependant elle l'ouvre, prend son souvenir, regarde les lettres qui sont dedans, et me dit :

« Il est probable que vous aurez lu
» les deux lettres que renfermaient mes
» notes; mais cela m'est bien égal!...
» l'une est de madame, et vous devez
» comprendre maintenant son contenu;
» quant à l'autre, elle est d'une per-
» sonne que vous ne connaissez pas, et
» ne saurait vous intéresser... puisque

» vous n'êtes plus amoureux de moi. »

Je m'incline d'un air fort respectueux, et je vais m'éloigner, lorsque Juliette m'arrête, en me disant : « Pardon,
» monsieur Arthur, encore un mot...
» Y a-t-il long-temps que vous n'avez vu
» la sentimentale Clémence?..

» — Que vous importe, madame?

» — Oh! rien!... seulement s'il y a
» long-temps qu'elle n'a été chez vous,
» c'est qu'elle ne s'en est pas souciée; car
» elle est à présent libre comme l'air et
» maîtresse de ses actions, depuis que
» son mari, M. Moncarville l'a chassée
» de chez lui. »

Mon cœur se serre et je balbutie en regardant Juliette : « Chassée par son
» mari... madame Moncarville!.. Oh!
» vous en imposez, madame!... cela
» n'est pas... cela ne peut pas être...

» —Non, monsieur, non, je n'en impose
» pas! M. Moncarville a renvoyé sa
» femme, parce que, grace à mes avis,
» il l'avait fait suivre, épier la dernière
» fois qu'elle est sortie le soir, et on a vu
» qu'elle allait chez vous. Écoutez donc,
» tous les maris ne sont pas satisfaits
» d'être cocus! Il y en a à qui ça plaît,
» d'autres à qui ça ne plaît pas; M. Mon-
» carville était du nombre de ces der-
» niers, et, comme il ne pouvait plus
» douter de son affaire, il a sur-le-champ
» mis madame à la porte, en lui faisant
» une pension, juste de quoi manger des
» lentilles toute l'année; ensuite, il m'a
» fait demander mon fils, mon Oscar,
» qui est aussi le sien; il a voulu le
» prendre avec lui: ça m'a fait bien de
» la peine de me séparer de mon enfant;
» mais c'est pour son bien-être, j'ai im-

» posé silence à mes sentimens mater-
» nels. Ce n'est pas que, si j'avais voulu,
» j'aurais été demeurer chez Moncarville,
» remplacer sa femme; il me l'a proposé.
» Ce vieux renard, il voulait me ravoir;
» mais j'ai mieux aimé rester avec mon
» petit Dodolphe qui est fou de moi, qui
» m'idolâtre et qui m'épousera dès que
» son père sera mort. Eh bien!... vous
» ne dites plus rien, monsieur Arthur;
» mon Dieu! comme vous êtes pâle...
» est-ce que vous vous trouvez mal?...
» Clara! fais donc un verre d'eau à ton
» amant. »

Je ne peux plus parler; je pousse brusquement toutes les portes qui se trouvent devant moi, et je me hâte de sortir de cette maison, de fuir la présence de ces femmes.

CHAPITRE III.

UNE FRITURE A L'ILE SAINT-DENIS.

Clémence chassée de chez son mari !... pour être venue chez moi, pour avoir voulu me voir !... Ce soir où elle s'est bien aperçue que j'étais occupé d'une autre, elle le disait bien ! « je brave tout pour venir te dire que je t'aime toujours !.. »

Ainsi, c'est pour moi qu'elle a perdu fortune, rang, réputation! et, dans son malheur, elle n'a pas même la consolation d'être aimée comme elle aimait, de retrouver dans la retraite tout ce qu'elle perdait aux yeux du monde; ah! cette pensée me désole!... elle me déchire le cœur! j'ai négligé, oublié une femme qui m'adorait, qui me sacrifiait tout!... et pour qui? je rougis de me l'avouer... pour une femme entretenue qui s'est moquée de moi! Du reste, je le méritais bien.

Mais cette Juliette!... je ne cesserai donc pas d'éprouver les effets de sa vengeance!... Comme ses yeux brillaient de méchanceté, en m'apprenant le déshonneur de Clémence!... Comme elle jouissait du mal qu'elle me faisait!... Oublions ces femmes!... Puissé-je ne plus les rencontrer. Ne pensons qu'à Clémence... la nouvelle de son malheur a fait renaître tout mon amour; ou plutôt, il me semble que ce sentiment que j'ai pour elle ne s'est jamais entièrement éteint; il n'était qu'endormi au fond de mon cœur.

Si elle est séparée d'avec son mari depuis le jour où je l'ai vue, voilà déjà plusieurs mois qu'elle vit seule... Ah! si je l'avais su, j'aurais été la consoler. Son mari ne lui fait qu'une bien modique pension, d'après ce que j'ai compris. Clémence se sera contentée de ce que cet homme aura voulu lui donner; sans doute elle travaille pour augmenter son faible revenu... peut-être vit-elle de privations... Et elle ne me l'a pas fait savoir!... elle ne m'a pas écrit son changement de situation!... Mais Clémence est trop fière pour m'avouer son indigence!... Et d'ailleurs, méritais-je sa confiance, méritais-je qu'elle me regardât encore comme son meilleur ami?

Maintenant, il faut absolument que je découvre la demeure de Clémence ; je sens que je n'aurai plus de repos que lorsque je l'aurai vue, que je l'aurai pressée dans mes bras, et suppliée de me pardonner. D'ailleurs, j'ai causé son malheur ; il est de mon devoir de faire ce qui dépendra de moi pour adoucir ses peines. J'ai pendant long-temps couru tout Paris pour retrouver cette Adèle!... Ah! je sens que je mettrai bien plus d'ardeur à chercher Clémence! Ce n'est plus une passion folle, bizarre qui me fera agir ; c'est un sentiment plus durable, car il est né de son malheur ; et ceux-là sont plus vrais que ceux qu'enfante le plaisir.

Comment obtenir quelques renseignemens qui puissent me mettre sur ses traces?... En allant dans le monde, aux spectacles, je pouvais espérer de rencontrer une femme coquette, qui voulait faire admirer sa figure et sa toilette; mais Clémence n'est point de ces femmes-là; elle ne recherche point les hommages des hommes; elle semble ignorer le charme qu'elle inspire, et, loin d'aller dans le monde, elle le fuit sans doute, et vit très-retirée, au fond d'un modeste appartement, dans quelque quartier peu fréquenté. Il est bien plus difficile de trouver quelqu'un qui sort peu, qui ne se livre à aucun plaisir... Comment donc faire pour savoir son adresse?...

Son mari doit connaître sa demeure... mais ce n'est pas à lui que je puis m'adresser pour la savoir... Cette méchante

Juliette la sait sans doute aussi... mais elle ne me la dirait pas; d'ailleurs, je ne veux jamais reparler à cette femme : il ne faut donc compter que sur mes recherches et le hasard qui peut-être me servira.

Pendant quinze jours, je recommence à me promener dans Paris. Je m'informe, je demande madame Moncarville dans plus de trois cents maisons. Je n'obtiens aucune réponse satisfaisante.

« Qu'est-ce qu'elle fait, cette dame ? » voilà ce qu'ils me disent tous. Eh ! morbleu ! si elle avait un état, je la chercherais dans l'*Almanach du Commerce*, et non pas chez les portiers.

Je réfléchis ensuite que, probablement, Clémence aura changé de nom en cessant de vivre avec son mari; j'ignore celui qu'elle aura pris. Ainsi, mes informations sur madame Moncarville ne peuvent me mener à rien. Cette pensée achève de me désoler; elle m'ôte tout mon courage pour continuer mes recherches.

Je tente un dernier moyen ; je sais où demeure M. Moncarville : je me rends dans sa maison, je m'adresse au portier avec une pièce de cent sous ; je le mets sur-le-champ en très-bonnes dispositions à mon égard.

« C'est ici que loge M. Moncarville? — » Oui, monsieur, au second, la porte à » gauche; il y a une grosse sonnette à » gland bleu. Si monsieur le désire, je » vais le conduire... M. Moncarville est » justement chez lui. »

Déjà le portier s'apprête à sortir de sa loge pour me servir de guide ; je le retiens :

« Ce n'est pas à M. Moncarville préci-
» sément, que j'ai affaire... c'est à sa
» femme... — Sa femme!... »

Le portier fait un sourire, qu'il veut
rendre malin, et reprend :

« Sa femme!... oh ben! c'est qu'il y a
» une petite difficulté; la femme ne de-
» meure plus avec son mari... ils se sont
» séparés... je ne sais pas si c'est *juridi-*
» *clement...* mais je sais ben qu'ils ne
» sont plus ensemble. — Eh bien! indi-
» quez-moi la demeure de madame Mon-
» carville... vingt francs pour vous si je
» la sais. — Pardi, monsieur, si je la
» connaissais, je vous la dirais ben
» vite!... Vous entendez ben que, moi,
» je n'ai pas de raison pour empêcher les
» connaissances de cette dame de la fré-
» quenter... ben du contraire! elle était
» fort douce, c'te petite dame, et je l'es-

» timais assez, moi ! Mais elle ne m'a pas
» dit sa demeure...— Pourtant, on a dû
» emporter ses meubles à elle ?..—Rien du
» tout... elle est partie comme une fu-
» sée !... avec une malle, des cartons, et
» puis un mouchoir qu'elle tenait sur
» ses yeux... Je soupçonne qu'elle pleu-
» rait, la pauvre dame... Enfin, elle avait
» fait venir un fiacre; elle est montée
» dedans, mais pour aller où... voilà !...
» — Et depuis ce jour, elle n'est pas re-
» venue ? — Jamais...— Et M. Moncar-
» ville n'a pas quelquefois envoyé chez
» elle, vous... ou quelque commission-
» naire ?... — Rien du tout !... je crois
» ben qu'il n'y pense plus; il a pris avec
» lui un petit garçon dont il se dit le
» père, et qui lui vient on ne sait d'où...
» L'enfant est gentil, mais il ne lui res-
» semble pas du tout. »

Je m'éloigne désespéré. Je n'entrevois plus aucun moyen pour découvrir la demeure de Clémence; un seul espoir me reste encore, c'est qu'elle-même daignera m'écrire, me donner de ses nouvelles; c'est qu'elle voudra encore me voir; mais cette espérance est bien faible, si elle a su que j'en aimais une autre (et les femmes savent toujours ces choses-là), son amour-propre arrêtera son amour et l'empêchera de revenir à moi.

Je tâche de prendre mon parti et de me distraire; mais le souvenir de Clémence malheureuse et ne voulant plus me voir, me laisse un fonds de tristesse que j'ai peine à vaincre, et qui souvent m'arrache un soupir au milieu des plaisirs que je cherche à goûter.

Dans mes courses, je rencontre fréquemment M. Théodore. Sa mise est plus élégante qu'autrefois, aussi se donne-t-il des airs, une tournure, des manières qui forcent tout le monde à faire attention à lui. C'est ce que ce monsieur ambitionne sans doute, mais quand je passe près de lui, je ne lui donne pas le plaisir de le regarder; de son côté, il n'a plus l'air de me reconnaître : je lui en sais infiniment de gré.

Je n'ai pas aperçu Adolphe une seule fois depuis la soirée du spectacle. Je présume qu'il m'évite; de mon côté, je ne le cherche pas.

Nous sommes en été, les jours sont longs, le soleil est brûlant. Un matin, un auteur avec lequel je suis en train de faire une pièce vient me trouver de bonne heure, et me dit :

« Arthur, as-tu quelque chose à faire

» aujourd'hui?—Ma foi non.—Le temps
» est superbe, ce serait un meurtre de
» rester enfermé dans Paris quand on
» n'est pas commis de bureau. Nous au-
» tres hommes de lettres qui sommes
» libres comme les oiseaux, nous pou-
» vons, quand cela nous plaît, humer
» l'air de la campagne. — Et tu as envie
» de te promener aujourd'hui? — Oui,
» mais *extra muros*. Allons déjeuner
» dans un petit endroit... où l'on dé-
» jeune bien... Nous irons à pied, ça
» nous donnera de l'appétit ; et, tout en
» marchant, nous chercherons le dé-
» noûment de notre vaudeville que
» nous n'avons pas encore trouvé : ce
» sera le but principal de notre journée.
» Ça va-t-il? — Très-volontiers. »

La proposition me fait d'autant plus
de plaisir que mon collaborateur, qui

se nomme Darbois, est un fort bon garçon qui, sous un abord froid et même grave, cache un grand fonds de gaîté et une extrême facilité à trouver un côté comique dans les aventures les plus sérieuses.

Je suis bientôt prêt, et je sors avec Darbois. Quand nous sommes dans la rue, nous pensons que nous n'avons pas encore décidé où nous irions.

« Marchons au hasard, » dit Darbois, « nous irons où il nous conduira. — Je » le veux bien. Mais quand nous serons » au bout d'une rue et qu'il y en aura » une à droite et une à gauche, il faudra » nous décider pourtant. — Nous de- » manderons notre chemin pour aller à » la campagne. — On nous demandera » laquelle?—Nous répondrons que nous » n'en savons rien. — On nous prendra

» pour deux fous, ou on croira que nous
» voulons nous moquer du monde. —
» Tant mieux, tout cela nous fera peut-
» être trouver le dénoûment de notre
» vaudeville. — Ainsi soit-il. »

Nous nous mettons en route. Tant qu'il y a une rue à peu près en face de celle que nous suivons, nous marchons sans demander. Nous finissons par arriver dans un cul-de-sac où nos pieds ne rencontrent que de fort vilaines choses : nous nous arrêtons.

« Si c'est là le dénoûment que nous
» devons trouver pour notre pièce, » dis-je à mon collègue, « il ne me semble pas
» très-bien choisi. — Eh! mon cher; on
» ne sait pas!... Je conviens qu'il serait
» un peu hasardé; mais dans ce moment
» où on veut absolument du nouveau,
» du risqué, ça pourrait faire de l'effet.

» —En attendant, hâtons-nous de sortir
» de ce cul-de-sac. »

Arrivés dans la rue voisine où il y en a deux qui se croisent, Darbois demande fort sérieusement à un commissionnaire le chemin de la campagne.

« C'est le chemin de la barrière que
» vous voulez dire! — La barrière soit.
» — A laquelle, voulez-vous aller? —
» Celle que vous voudrez... »

Le commissionnaire nous regarde, comme quelqu'un qui ne sait pas s'il doit se fâcher; il prend le parti de rire :

« Allons, vous êtes deux farceurs!...
» — C'est vrai, c'est notre état? — Ah!
» je vois ça tout de suite, vous voulez
» aller vous réjouir à la guinguette. —
» Nous voulons trouver notre dénoû-
» ment. — Vous avez perdu queuque
» chose? — Non, nous ne l'avons pas

» perdu, mais nous voulons le trouver.
» — Oh! les farceurs!... Suivez la rue
» à gauche, et puis tout droit vous serez
» à la barrière. »

J'entraîne Darbois, en lui disant :
« Avec tes folies, tu nous attireras quel-
» que mauvaise affaire. — Pourquoi
» donc? Ai-je menti à cet homme, en lui
» disant que nous cherchions un dénoû-
» ment? — Tiens, j'ai peur que le ha-
» sard ne nous conduise pas bien; je crois
» qu'en toutes choses il ne faut pas s'en
» rapporter à lui. »

Nous arrivons à une barrière que je
ne connais pas, nous la passons et nous
continuons d'aller tout droit devant nous.
Bientôt je reconnais à notre droite la
plaine Saint-Denis.

« Le hasard nous conduira à Saint-
» Denis, » dis-je à Darbois, « traversons

» cette plaine, nous irons ensuite dé-
» jeuner dans l'île, et nous chercherons
» notre dénoûment entre une matelote
» et une friture. — Va pour l'île Saint-
» Denis... nous pourrons même nous
» baigner avant de déjeuner. »

Nous poursuivons notre route, et, suivant son habitude, Darbois me conte mille folies au lieu de me parler de notre pièce. Quand je veux entamer ce sujet, il ne m'écoute pas ou s'écrie : « Nous » nous en occuperons en déjeunant. »

Nous arrivons à Saint-Denis. Darbois remarque un vieux couple qui vient de notre côté, tournure province comme si nous étions à cent lieues de Paris. La femme porte un épagneul, le monsieur tient deux plians sous son bras gauche. Darbois me quitte, s'arrête devant une maison et se met à regarder par terre en se baissant : le vieux couple arrive près de lui, et, le voyant si occupé à regarder à ses pieds, la dame lui dit : « Monsieur » cherche quelque chose?

» — Oui, madame, » répond Darbois d'un air affairé et sans lever les yeux.

« Attendez, » dit l'homme, « je vais » mettre mes lunettes et vous aider, je » suis assez heureux pour trouver... Il » paraît que c'est précieux, car vous » paraissez bien contrarié?...

» — Oh! oui, monsieur, c'est quel- » que chose d'impayable; surtout lors- » que c'est bon!... »

Pendant que Darbois parlait, le vieux bon homme a posé ses plians à terre et tiré ses lunettes de son étui; il les met sur son nez, et lui dit : « Si vous voulez » maintenant me dire ce que vous cher- » chez?

» — Monsieur, c'est le dénoûment » d'un vaudeville en trois actes que je » suis en train de faire avec ce monsieur » que vous voyez là-bas, et qui rit comme » un fou en ce moment ! »

Le vieux bonhomme ôte ses lunettes, reprend ses plians et le bras de sa femme, et le couple s'éloigne en murmurant : « Les jeunes gens se conduisent bien in- » décemment, depuis qu'on fait des ré- » volutions !... »

Darbois revient vers moi, je ris trop pour le gronder, mais je l'entraîne vers l'île Saint-Denis, en le priant de ne pas se moquer du traiteur parce que je tiens à bien déjeuner.

En approchant du bord de l'eau, nous apercevons un monsieur et une dame qui se dirigent vers un batelet, et proba- blement veulent aussi se faire passer dans l'île. Nous nous hâtons pour profiter du même bateau. Le couple que nous apercevons ne ressemble pas à celui que Darbois a fait s'arrêter dans Saint-Denis : l'homme est un petit-maître, la femme une élégante. Ce sont probablement des jeunes gens.

« C'est une partie fine, » me dit Darbois, « je gage que ceux-là se rendent
» dans l'île Saint-Denis, avec d'autres
» idées que celle de manger une friture.
» — Ils ont raison... Ah! mon Dieu! —
» Eh bien! qu'est-ce qui te prend?... Est-
» ce que tu trouves un dénoûment?
» — Je reconnais cet homme et cette
» femme!... —Tant mieux, ce sera plus
» drôle... Dépêchons-nous, le batelier
» nous fait signe. »

C'est Juliette que je viens de reconnaître dans cette dame élégante, et le monsieur qui l'accompagne est le grand Théodore. Mais Adolphe n'est pas avec eux... que signifie cela?... Rien qui me surprenne beaucoup de la part de Juliette!... Cependant j'hésite... je ne sais si je veux avancer... mais Darbois m'entraîne, et après tout je ne vois pas pourquoi j'aurais peur de contrarier madame Ulysse.

Nous sautons dans le bateau. Juliette et Théodore y étaient déjà, ils me reconnaissent, ils se parlent bas. M. Théodore semble contrarié, mais Juliette ne tarde pas à rire très-fort, suivant son habitude. Je ne cherche pas à entendre ce qu'ils se disent, je me suis assis à l'autre extrémité du bateau. Darbois me dit à l'oreille :

« Je te parie le déjeuner qu'elle n'est » pas avec son mari?—Parbleu!—Et pas

» même avec son entreteneur? — Tu as
» gagné. — Et pas même avec son amant
» habituel? — A quoi vois-tu cela? —
» C'est qu'elle a des yeux extrêmement
» libéraux, cette dame. »

Madame Ulysse se met à parler si haut qu'il nous serait difficile de ne pas l'entendre, elle ne cesse de répéter :

« Adolphe est bien en retard... mais
» il nous retrouvera, il sait où nous
» sommes. — Oui, oui, il ne peut tar-
» der à nous rejoindre. »

Ces mots répétés plusieurs fois pour que nous les entendions, me font penser au contraire que mon ami Adolphe ne se doute pas que sa maîtresse et son cher Théodore sont ensemble à la campagne; mais comme maintenant cela m'importe fort peu, je trouve que Juliette prend une peine inutile en répétant cela toutes les minutes.

Le trajet qui sépare de l'île est bien vite fait.

« Il faut aller chez le traiteur où l'on » mange les meilleures fritures, » dit Juliette en sautant hors du bateau. « Car » Adolphe m'a bien recommandé de com- » mander une friture, il les aime beau- » coup. — Je vais vous conduire, belle » dame, je connais tous les bons en- » droits !... »

En disant ces mots, le beau Théodore offre son bras à sa dame, tous deux gravissent lestement la pente un peu raide qui mène près des maisons de l'île.

« Moi aussi, j'aime la friture, » dit Darbois, « suivons ce monsieur qui con- » naît les bons endroits... il m'a l'air » d'un gaillard capable de faire avaler

» des goujons à toutes ses connaissan-
» ces... — Laissons aller ces gens-là,
» comme je les connais, ils croieraient
» que je les épie, et c'est ce que je ne
» veux pas. — Comment? est-ce que
» nous ne sommes pas libres d'aller aussi
» chez le meilleur traiteur de l'île, parce
» que ce monsieur et cette dame y vont?
» — Mais nous ne voulons pas encore
» déjeuner. — Mais ici, pour être cer-
» tain d'avoir ce qu'on veut, il faut le
» commander d'avance; ce joli couple
» serait capable de ne nous laisser que
» du fretin, et cela ne m'arrangerait pas.
» — Eh bien! va commander le déjeu-
» ner, je t'attends ici.—C'est ça... cher-
» che un dénoûment. »

Darbois suit de loin Juliette et Théodore, moi je m'assieds sur l'herbe en attendant son retour, et je pense qu'il faut qu'il soit arrivé quelque événement heureux à Adolphe, pour que Juliette soit aussi élégante; à moins qu'en renvoyant sa femme de chez lui, M. Moncarville n'ait augmenté la pension qu'il faisait à sa maîtresse.

Darbois ne tarde pas à revenir. Il me crie de loin :

« Nous aurons un petit déjeuner soi-
» gné, côtelettes, matelote, friture et
» du vin frais, notre couvert sera mis
» dans un petit salon qui donne sur le
» bord de l'eau. — Et notre couple? —
» Ils étaient entrés bien avant moi et
» s'étaient sur-le-champ réfugiés dans un
» cabinet... ils ne m'ont pas vu; je suis
» persuadé qu'ils cherchent aussi un dé-
» noûment. A présent allons nous bai-
» gner... — Mais notre pièce dont nous
» devions principalement nous occuper

» dans cette promenade ? — Nous nous
» en occuperons en nageant. »

Je vois bien qu'il n'y a pas moyen de travailler aujourd'hui avec Darbois, et je prends mon parti. Nous tournons l'île, et nous arrivons dans une partie plus déserte où l'on se baigne habituellement. Pendant que nous nous déshabillons, nous apercevons plusieurs jeunes gens qui nagent et s'amusent à se donner des passades. En peu d'instans nous sommes aussi dans l'eau. Bientôt je me trouve nez à nez avec un des nageurs : c'est Adolphe, qui souffle tant qu'il peut de l'eau par la bouche et les narines. Je me dis en moi-même que mes conjectures étaient fausses, et que Juliette ne mentait pas dans le bateau ainsi que je le supposais.

«Tiens! c'est vous, monsieur Arthur,»

dit Adolphe en nageant près de moi.
« Ah, que c'est drôle de se retrouver
» dans l'eau ! Je suis très-fort mainte-
» nant... Voulez-vous que je vous donne
» une passade ?.. — Non, je vous remer-
» cie... — Il y a bien long-temps que
» nous ne nous sommes vus... Elle est
» très-bonne l'eau !.. — Délicieuse. —
» J'ai hérité de mon oncle depuis ce
» temps-là... une quarantaine de mille
» francs... c'est gentil... Vous savez que
» je suis remis avec Juliette... Que vou-
» lez-vous? cette femme-là m'adorait...
» et puis... à tous péchés miséricorde !
» Quelle est la femme qui n'a pas un pe-
» tit peu péché?.. On dit même que c'est
» une garantie de leur sagesse à venir...
» Je me suis aussi raccommodé avec
» Théodore ; je vous assure que dans le
» fond c'est un fort bon enfant, qui a

» beaucoup de moyens... il a de nou-
» veaux projets, il veut construire un
» chemin sous la Seine, dans le genre de
» celui de Londres, sous la Tamise; un
» tunnel qu'on appelle ça, je crois... il
» cherche des actionnaires... Ah! vous
» ne vous attendiez pas à me rencontrer
» ici, je gage? — Pardonnez-moi, puis-
» que j'ai passé l'eau avec votre monde;
» je sais même que vous êtes venu pour
» manger une friture. — Comment!..
» mon monde? de quel monde me parlez-
» vous?—Parbleu! de celui qui vous at-
» tend chez le traiteur, votre maîtresse
» et votre ami Théodore. »

Adolphe fait une cabriole qui me couvre d'eau, en s'écriant : «Vous avez passé
» dans un bateau avec Juliette et Théo-
» dore? — Certainement.— Ils sont dans
» l'île?—Sans doute, ils vous attendent...

» est-ce que ce n'était pas convenu entre
» vous ? »

Adolphe fait encore une cabriole, en s'écriant :

« Oh ! c'est bien drôle !.. Figurez-vous
» que je suis ici en cachette de Juliette ;
» c'était une partie montée avec ces
» messieurs que vous voyez là-bas ; mais
» comme Juliette ne veut jamais me
» laisser aller nulle part sans elle, au lieu
» de lui dire que je venais m'amuser à
» l'île Saint-Denis, j'ai prétexté une af-
» faire, un rendez-vous chez un notaire
» pour la suite de l'héritage de mon on-
» cle... Il faut que Juliette ait découvert
» la vérité... je ne sais pas comment !...
» elle m'aura suivi avec Théodore... Oh !
» la bonne plaisanterie ! et où sont-ils
» maintenant ? — Chez le traiteur où
» nous allons déjeuner, » répond Dar-

bois. — « Oh! c'est très-drôle!... voilà
» une surprise à laquelle je ne m'atten-
» dais pas... Je sors de l'eau... je veux
» aller manger de la friture.

» — J'ai dans l'idée que les autres ne
» s'attendent pas non plus à le rencon-
» trer ici, » me dit tout bas Darbois. «—
» Je le crains, et je suis fâché de lui
» avoir parlé d'eux... — Tu es bien bon...
» cela va peut-être nous fournir un dé-
» noûment comique. »

Nous sortons aussi de l'eau. Adolphe dit à ses amis : « Ma petite dame est
» venue me trouver ici, je suis obligé
» d'aller la rejoindre... mais je viendrai
» vous revoir... Nous quitterons l'île
» tous ensemble. »

Nous sommes habillés et nous nous
dirigeons vers notre traiteur. Adolphe
marche à côté de nous, tout en répétant :

« Oh ! je voudrais bien pouvoir leur faire
» aussi une bonne farce... pour leur
» prouver que je suis instruit de leur
» arrivée... Qu'est-ce que je pourrais
» donc faire ?... »

Je ne lui réponds pas ; nous entrons chez le traiteur ; nous allons nous asseoir à notre couvert qui est dressé dans le petit salon. Adolphe y entre aussi, en disant au garçon :

« Où sont ce monsieur et cette dame
» qui m'attendent ?.. » Le garçon regarde Adolphe d'un air étonné, en murmurant :

« Il y a un monsieur et une dame qui
» vous attendent ?... — Certainement...
» n'avez-vous pas une jeune dame...
» bien mise... très-jolie... en châle
» rouge ?... Monsieur Arthur, a-t-elle
» son châle rouge ?

» —Ah, ma foi! je n'y ai pas fait atten-
» tion. Laissez-nous déjeuner, Adolphe,
» vous savez que je ne veux plus me
» mêler de ce qui vous regarde. — Il
» me semble que vous pouvez bien me
» répondre si elle a un châle rouge?..
» Enfin c'est égal. Une dame et un grand
» jeune homme sont ici... ils m'atten-
» dent.

» — Nous avons bien une dame et un
» monsieur dans un cabinet; mais je ne
» crois pas qu'ils attendent personne...
» — Je vous répète qu'ils m'attendent,
» moi... vous êtes bien entêté, garçon!
» N'ont-ils pas commandé une friture?
» — Oui, monsieur, ils ont même déjà
» mangé du poulet, de la matelote... et
» je dois monter la friture quand ils me
» sonneront... — Ils ont déjà mangé le
» poulet et la matelotte... c'est très-mal

» cela... Si je pouvais leur faire croire
» qu'ils n'auront pas de friture... Ju-
» liette qui en est folle... Ah, une idée
» délicieuse!... Garçon, prêtez-moi votre
» tablier, votre veste, votre bonnet de
» coton... Oh! que ça sera drôle!...

» — Est-ce que vous avez trouvé votre
» dénoûment? » dit Darbois, en regardant Adolphe ôter son habit. « Vous êtes
» bien heureux!—J'ai trouvé un moyen
» pour m'amuser à leurs dépens... je
» vais me déguiser en marmiton, et j'irai
» leur dire qu'il n'y a plus de goujons ;
» ils seront furieux... Juliette surtout,
» qui est passionnée pour le goujon. En-
» suite, quand je les aurai mis bien en
» colère, quand ils m'auront bien dit
» des sottises, je me mettrai à rire et je
» me ferai reconnaître. Hein ! que dites-
» vous de mon projet ? — C'est fort ingé-

» nieux, et j'ai dans l'idée que cela amè-
» nera en effet une scène plaisante. Mais il
» faut bien vous déguiser pour qu'on ne
» vous reconnaisse pas.—Oh! c'est ce que
» je veux faire... Je vais me couvrir le
» visage de farine... j'aurai l'air d'un
» gille. — Alors vous serez tout-à-fait
» dans l'esprit de votre personnage. »

Cependant le garçon regardait Adolphe qui se promenait dans le salon sans habit, mais il ne paraissait pas décidé à lui prêter son tablier et sa veste. Darbois fait un signe à Adolphe, celui-ci le comprend, il met une pièce de cent sous dans la main du marmiton. Alors celui-ci ôte sa veste, ôte son bonnet, ôte son tablier, il veut même ôter son pantalon ; mais Adolphe le remercie; il pense que sous le tablier le sien pourra servir. En peu de temps la toilette est terminée;

Adolphe s'est saupoudré le visage de farine, ce qui en effet le rend méconnaissable. Le garçon, qui veut que rien ne manque à son remplaçant, lui passe dans la ceinture le grand couteau de cuisine qui était à son côté ; enfin la métamorphose est complète, et Adolphe saute de joie, en s'écriant : « Oh ! comme je vais les attraper !...

« Qu'est-ce que je sens dans la poche
» de votre tablier ? » dit Adolphe au moment de monter. « — Monsieur, c'est la
» clef du cabinet où dînent ce monsieur
» et cette dame...—La clef!... très-bien,
» je les surprendrai bien plus inopiné-
» ment!...—Mais ils m'avaient bien or-
» donné de ne monter que lorsque j'en-
» tendrais sonner... — C'était bon pour
» vous?... mais moi qui veux les surpren-
» dre, je n'ai pas besoin d'attendre qu'ils

» sonnent... je vais prendre des assiettes
» sous mon bras pour que mon entrée
» soit plus naturelle... Votre friture est-
» elle bientôt prête?..—Oui, monsieur.
» — Tenez-vous prêt à l'apporter quel-
» ques minutes après que je serai en-
» tré... ce sera le bouquet... Vous dites
» au premier, la porte au fond du cou-
» loir?...—Oui, monsieur : c'est le cabi-
» net qui donne sur le jardin que vous
» voyez... là derrière. — Très-bien, je
» monte... Oh! je ne peux pas me regar-
» der sans rire... J'ai l'air d'un vrai fai-
» seur de boulettes... Au revoir, mes-
» sieurs; je gage que vous nous entendrez
» rire... — Oui, je pense que nous en-
» tendrons quelque chose. »

Adolphe sort du salon avec ses assiettes sous le bras; nous nous regardons
Darbois et moi; mon collègue ne peut

conserver son sérieux, moi, j'avoue que je crains pour Adolphe quelque surprise fâcheuse. Le garçon est allé à la cuisine en disant :

« Je vas chercher la friture pour le » bouquet. »

Nous ne mangeons plus, nous écoutons... Nous nous attendons à quelque chose. Bientôt en effet un grand bruit se fait entendre au premier, comme si on venait de renverser une pile d'assiettes.

« Voilà le nouveau garçon qui fait des » siennes, » dit Darbois, « il commence » par casser la vaisselle... c'est l'intro- » duction sans doute!... »

A ce bruit en succède bientôt un autre : un homme vient de sauter par une fenêtre du premier dans le jardin. Il entre comme un effaré dans la pièce où nous mangeons : c'est le beau Théodore, dont la toilette est dans un grand désordre, il y a même une partie indispensable de ses vêtemens qui ne tient qu'à fort peu de chose.

Il court dans le salon, tenant sa serviette à la main, et, ne pouvant parvenir à tourner assez vite la clef de la porte qui donne sur la route, il ouvre une des fenêtres, enjambe, et disparaît par le chemin, sans écouter Darbois qui lui crie : « Monsieur, mettez donc au
» moins un bouton de plus... C'est beau-
» coup risquer de vous promener comme
» cela ! »

Théodore est à peine sorti par la fenêtre, que des cris, des juremens, parviennent jusqu'à nous. Je reconnais la voix d'Adolphe.

« Il paraît que son dénoûment est à

» grand effet, » dit Darbois : « si nous
» montions pour savoir ce qui se passe
» là-haut ?—Oh! quant à moi je ne veux
» pas monter. »

Mais Adolphe nous en évite la peine;
il arrive, le visage renversé, l'air furibond... la main sur son grand couteau de cuisine : ajoutez à cela la farine qui lui couvre encore le visage, et on concevra qu'à son entrée je ne puis m'empêcher de rire avec Darbois qui me dit :
« C'est absolument comme dans *les fu-*
» *reurs de l'amour?* »

» Où est-il, le lâche !... le scélérat? »
s'écrie Adolphe en entrant dans notre salle. « Ah! messieurs... si vous saviez
» ce que j'ai vu... Il a fui le misérable!...
» il a eu peur de moi... il a bien fait!..
» Tenez... tenez... le voyez-vous ?... le
» voilà qui passe l'eau... — C'est vrai,

» il emporte même une serviette au trai-
» teur...—Oh! je te retrouverai, grand
» traître!... »

M. Théodore passait en effet la rivière, il s'était hâté de quitter l'île. Adolphe frappe sur notre table avec colère en disant : « Être trompé par ses amis!... Ces
» choses-là n'arrivent qu'à moi! — Oh!
» pardonnez-moi, » lui répond Darbois,
« cela arrive à beaucoup de monde. —
» Un homme en qui j'avais confiance...
» une femme que je croyais revenue sur
» toutes ces choses-là!.. Quelle infamie!..
» — Prenez garde, vous allez renverser
» la poivrière dans notre matelote!... —
» Savez-vous ce que j'ai vu en entrant
» dans le cabinet?..—Nous nous en dou-
» tons. — Ma maîtresse et cet homme...
» qui que... qui... enfin dans une position
» à ne pas pouvoir douter!... — Est-ce

» que vous leur avez jeté les assiettes à
» la tête alors? — Non... je n'en ai pas
» eu la force... elles me sont tombées des
» mains. Dans le premier moment, je
» me suis senti bouleversé, anéanti... et
» le plus infâme... car voilà le plus atroce
» de l'affaire, c'est que, comme ils ne me
» reconnaissaient pas, ils se sont mis à
» me dire : « Veux-tu t'en aller, imbé-
» cille!... avions-nous sonné?... cruche
» que tu es!... tu n'auras rien pour
» boire; tu ne sais pas ton métier. »

Darbois et moi nous n'y tenons plus. Nous éclatons de rire, et, pour nous achever, le véritable garçon traiteur arrive avec son plat de friture en disant : « Mon-
» sieur, voilà le bouquet... est-ce le mo-
» ment de le monter?.. — Allez au dia-
» ble avec vos goujons! » dit Adolphe en repoussant le garçon avec colère. Ce-

lui-ci ne sachant ce que cela signifie prend le parti de se retirer lui et sa friture.

Cependant nous sommes parvenus avec Darbois à reprendre notre sérieux. Adolphe s'est assis dans un coin de la salle; il ne dit plus rien, mais il se serre les poings. Je vais tâcher de le calmer un peu, lorsque tout à coup il se lève, tire de sa ceinture le grand couteau de cuisine et s'écrie : « Il faut que ça fi-
» nisse! »

Il se dispose à sortir du salon, je cours à lui et l'arrête : « Où allez-vous,
» Adolphe? — Je remonte au cabinet...
» — Qu'allez-vous y faire?... — Je vais
» tuer Juliette!... — Tuer Juliette!...
» que dites-vous là!... quelle horrible
» pensée!... — C'est une indigne catin!..
» vous le savez bien d'ailleurs... vous

» m'aviez averti qu'elle me tromperait
» encore... Oh! vous aviez raison... si je
» vous avais écouté... mais c'est fini...
» Laissez-moi; je veux la tuer... j'ai la tête
» montée... »

Au lieu de le laisser j'entoure Adolphe de mes bras. Darbois lui dit alors bien tranquillement :

« Monsieur, pourquoi voulez-vous
» tuer cette dame ? — Parce que voilà
» deux fois qu'elle me fait cocu et que
» ça finit par me pousser à bout. — Dans
» ces choses-là, monsieur, je croyais qu'il
» n'y avait que la première fois qui pou-
» vait fâcher. — Moi, ça me fâche toutes
» les fois, je ne m'y ferai jamais!... —
» Et quand vous aurez tué cette dame
» en aurez-vous moins été trompé ?... »

Adolphe paraît frappé de cette réflexion, il se calme et balbutie : « Au fait,

» ce que vous dites là est très-vrai !...
» Quand je la tuerais... je n'en serais
» pas moins trompé...

Je profite de ce moment et je lui ôte son couteau de cuisine, puis je vais me remettre à table à côté de Darbois.

Après s'être promené quelque temps dans la salle, Adolphe dit : « Malgré
» cela je veux aller la revoir, la perfide !...
» je veux la confondre de mes regards...
» jouir de sa confusion... de sa honte...
» car dans le premier moment où je me
» suis fait reconnaître vous sentez bien
» que je n'étais plus à moi... je ne sais
» pas ce qui s'est passé... j'ai seulement
» vu l'autre sauter par la fenêtre... Je
» monte... Messieurs, soyez tranquilles,
» je n'ai plus aucune intention hostile...
» je vous le jure ; je sens bien que ça ne
» remédierait à rien. D'ailleurs si vous

» voulez me fouiller... je n'ai pas même
» un canif sur moi.

» C'est inutile! » dit Darbois, nous
» vous croyons sur parole. Allez, mon-
» sieur, et rappelez-vous ces deux vers :

Le bruit est pour le fat. La plainte est pour le sot!
L'honnête homme trompé s'éloigne et ne dit mot.

» Ne dit mot !... c'est bien aisé à dire, »
reprend Adolphe ; « mais je vous pro-
» mets de me modérer. Je ne veux que
» jouir de la confusion de mon infidèle...
» C'est bien le moins que je me donne
» cette petite consolation. »

Adolphe quitte le salon. « Tu as été
» bien bon de te donner tant de mal pour
» le retenir, » me dit Darbois. — Com-
» ment, aurais-tu voulu que je le laissasse
» se porter à d'indignes excès ?... —
» Lui !... se porter à des excès !... mais,

» mon cher Arthur, tu ne vois donc pas
» que ce gaillard-là, avec dix couteaux de
» cuisine, n'aurait pas coupé un cheveu
» à sa maîtresse! vraiment, tu ne le con-
» nais guère!... Je te réponds que sa
» fureur n'est pas dangereuse!... — C'est
» possible, mais j'aime mieux lui avoir
» ôté son tranche-lard. »

Nous achevons tranquillement notre déjeuner; nous n'entendons pas de bruit au premier.

» Tu vois qu'il ne casse même plus une
» seule assiette! » dit Darbois, « dans ce
» moment il demande peut-être pardon à
» sa dame... — Oh! ce serait trop fort.
» — Il y a des hommes de cette pâte-
» là... Mais on descend... nous allons
» savoir quelque chose. — Darbois, si
» c'est Adolphe, fais-moi un plaisir :
» tâche de ne pas lui rire au nez... —

» C'est parfois difficile ! mais j'y ferai mes
» efforts...

On ouvre la porte. Adolphe entre d'un air consterné et mélancolique. Il fait quelques pas autour de notre table en poussant de gros soupirs. Darbois prend la parole.

« Eh bien ! monsieur, êtes-vous un
» peu vengé ?... avez-vous bien joui de
» la honte de votre perfide... Vous l'avez
» sans doute trouvée pleurant sur sa
» faute ?

» — Ah ! oui... C'est étonnant comme
» elle pleurait !... je l'ai trouvée mangeant
» la friture que le garçon lui avait mon-
» tée et ayant déjà fait disparaître les
» deux tiers du plat !...

» — C'est une femme qui aime à faire
» quelque chose, à ce qu'il me paraît ;
» mais enfin, à votre arrivée, elle s'est

» précipitée à vos pieds... vous a de-
» mandé pardon?...

» — C'est-à-dire qu'elle a pris une
» poignée de goujons qu'elle m'a lancée
» au visage, en me criant : Vous êtes
» bien hardi de vous présenter encore de-
» vant moi!... vous êtes un monstre!...
» Je vous déteste... je ne veux plus vous
» voir!... et mille autres choses dans ce
» genre-là.

» — Voilà qui est beaucoup plus ori-
» ginal que je ne pensais!... — Moi, je
» vous avoue que je m'attendais si peu
» à cet accueil que je n'ai plus trouvé une
» parole... Mais Juliette en trouvait
» toujours... Au milieu de ce feu de
» reproches qu'elle m'adressait, voici
» ce qu'il m'a semblé comprendre : c'est
» que suivant elle, ce grand lâche de
» Théodore la prenait de force... et

» qu'au lieu de le laisser fuir j'aurais dû
» l'arrêter et le rosser... voilà ce qu'elle
» me reproche!

» — Diable! mais ceci change la
» thèse! » dit Darbois en se pinçant les
lèvres pour ne pas rire. « Si cette
» dame a été prise de force, ce n'est plus
» elle qui est dans son tort; il s'agirait
» maintenant de rappeler vos souvenirs;
» la position dans laquelle vous l'avez
» surprise avec le monsieur avait-elle en
» effet quelque chose de forcé?...

» —Est-ce que je sais!... Est-ce qu'on
» peut bien juger ces choses-là... — Et
» lorsqu'on vous a pris pour le gar-
» çon traiteur et qu'on vous a appelé
» cruche, que faisait cette dame?... —
» Je ne sais plus... je crois qu'elle criait...
» Je n'en suis pas bien sûr... Ah! mon
» Dieu! Je donnerais six doigts de ma

» main pour savoir à quoi m'en tenir. »

Darbois manque de s'étouffer pour ne pas éclater, et me dit à l'oreille : « Com-
» ment trouves-tu ce monsieur qui sur-
» prend sa maîtresse dans une position
» non équivoque avec un autre, et qui
» se désole de ne pas savoir à quoi s'en
» tenir?... — Chut!... ne ris pas... je
» t'en prie... — Je suis enchanté de ton
» ami Adolphe, il vaut son pesant de
» fromage. »

Darbois demande du café, des liqueurs; il engage Désigny à prendre du café avec nous, celui-ci refuse et vient se mettre à table, où, tout en continuant de refuser, il en est à son quatrième petit verre, lorsque tout à coup en regardant la rivière, il se met à crier :

« Ah! mon Dieu... elle s'en va... te-
» nez, messieurs, la voyez-vous dans ce

» batelet qui traverse l'eau... c'est elle...
» c'est la perfide... elle s'éloigne. — Il
» me semble que c'est ce qu'elle avait
» de mieux à faire après ce qui est arri-
» vé... Est-ce que vous vouliez partir avec
» elle ? — Oh non ! bien certainement,
» je n'irai plus jamais avec elle !... pour
» cette fois je jure bien que c'est fini...
» je ne donne pas dans les contes qu'elle
» me fait. — Malgré cela, convenez que
» vous êtes bien aise de ne pas l'avoir
» tuée. — Oh ! certainement... parce
» qu'enfin si on tuait toutes les femmes
» infidèles... où s'arrêterait-on !... —
» Encore un petit verre, monsieur Dési-
» gny, vous seriez bien fou de vous cha-
» griner pour une telle aventure. — Je
» ne me chagrine pas... je suis vexé,
» voilà tout... c'est que j'étais habitué à
» cette femme-là. — Je vous assure que

» vous en trouverez beaucoup qui lui
» ressembleront. »

J'appelle le garçon ; Darbois et moi payons notre déjeuner, et nous nous disposons à partir, pendant que Désigny se frotte le visage avec son mouchoir pour ôter la farine qui est restée sur sa figure.

« Je pars avec vous, » nous dit Adolphe. « — Vous n'allez pas retrouver
» vos amis?.. — Oh! non, je n'ai plus en-
» vie de m'amuser... En ai-je encore ?
» — De quoi? — De la farine. — Un
» peu sur le nez... — Je me souvien-
» drai de mon déguisement en garçon
» traiteur ! — Ma foi vous étiez très-
» bien. »

Nous sortions de chez le traiteur, lorsque le garçon court après nous, et arrête Adolphe, en lui criant :

« Eh ben ! monsieur, vous oubliez de
» payer votre dépense.... — Ma dé-
» pense?... mais je n'ai rien pris chez
» vous, moi. — Mais votre dame et vo-
» tre ami ont pris, eux ; et puisqu'ils
» n'ont pas payé, il faut bien que ce soit
» vous. — Qu'est-ce que vous dites, gar-
» çon ? vous radotez. — Non, monsieur ;
» eh ben ! ça serait commode... personne
» ne paierait... N'avez-vous pas dit que
» le monsieur et la dame du cabinet
» vous attendaient? — Ce n'est pas une
» raison pour que je paie pour eux...—
» Si fait, puisque vous les avez laissés
» partir sans compter... Pour le grand
» monsieur, je ne sais pas par où il est
» sorti, nous ne l'avons pas vu ; mais la
» dame, oh! elle nous a bien dit en s'en
» allant : C'est le monsieur qui s'est dé-
» guisé en farine qui paiera tout. — Elle

» a dit cela?— Oui, monsieur. — Cette
» femme-là... abuse de moi jusqu'à la
» corde!... je ne veux pas payer!... —
» Alors, monsieur, venez vous expli-
» quer avec la bourgeoise; mais je ne
» vous laisserai pas partir comme ça.

Le garçon prend le bras d'Adolphe ; celui-ci le repousse; cela va finir par des coups : je me mets entre eux. Darbois dit à Adolphe :

« Mon cher monsieur, quand vous
» aurez battu ce garçon et reçu quel-
» ques bons coups de poing, il n'en fau-
» dra pas moins que vous finissiez par
» payer ; je crois qu'il serait plus sage de
» commencer par là, à moins que vous
» ne teniez absolument à boxer. »

Adolphe pousse encore un soupir, et dit au garçon : « Eh bien ! voyons,

» qu'est-ce qu'on doit enfin ? — Voici la
» carte, monsieur. »

Adolphe prend la carte, examine le total, et fait une grimace horrible en s'écriant : « Vingt-six francs ! pour un
» déjeuner de deux personnes !... c'est
» exorbitant !

» — Mais, monsieur, faites donc at-
» tention qu'ils ont bu du bordeaux-La-
» fitte et du champagne mousseux frappé
» de glace.

» — Boire du champagne frappé avec
» de la matelote !... Scélérat de Théo-
» dore !... si je te retrouve, tu paieras cher
» ce déjeuner-là... Qu'est-ce que c'est
» que ces 2 fr. 5o ajoutés en bas ?—C'est
» pour une serviette que ce monsieur a
» emportée par mégarde, sans doute. —
» Le lâche !... il avait si peur !... empor-
» ter la serviette !.. indigne ami !.. moi,

» son actionnaire!... car j'allais me met-
» tre aussi dans son entreprise sous la
» Seine... Dès qu'il faisait une entre-
» prise, il voulait à toute force me met-
» tre dedans!.... et ces 4 fr. 10 sous?..
» — C'est pour les assiettes que vous
» avez cassées, monsieur. — Ah! quant
» à cela, je n'ai rien à dire... c'est trop
» juste... au moins, c'est moi qui ai cassé
» les assiettes... Allons... puisqu'il le
» faut, tenez, garçon, ça fait un total de
» 33 francs. »

Adolphe paie en soupirant, et Darbois lui dit : « Les fritures sont très-
» chères à l'île Saint-Denis. »

Nous quittons l'île ; arrivés à Saint-Denis, nous prenons la voiture pour retourner à Paris. Adolphe se place au fond et n'ouvre pas la bouche pendant le chemin.

En descendant de voiture, notre compagnon nous dit adieu; il me serre la main en répétant : « J'irai vous voir, » monsieur Arthur, j'irai écouter vos » conseils. »

Je ne lui réponds rien, car je préfère qu'il ne vienne pas. Je m'éloigne avec mon collaborateur, auquel je dis : « Voilà la journée écoulée, et nous n'a- » vons pas trouvé le dénoûment de no- » tre pièce. — C'est égal, nous n'avons » pas perdu notre temps; je t'assure qu'il » y a un vaudeville à faire sur la friture » à l'île Saint-Denis. »

CHAPITRE IV.

LA BARONNE DE HARLEVILLE.

Le lendemain de cette aventure, je réfléchis que j'aurais dû profiter de ma rencontre avec Désigny, pour le questionner au sujet de Clémence. Peut-être a-t-il entendu Juliette parler de M. Moncarville et de sa femme; peut-être pourrait-il me fournir quelques renseignemens pour découvrir la demeure de cette dernière. Ceci n'est qu'une bien légère espérance, car il n'est guère probable que Juliette conte à Adolphe ses liaisons avec Moncarville; mais lorsqu'on ne sait plus comment découvrir un mystère qui nous intéresse, on se rattache aux plus faibles lueurs qui pourraient nous mettre sur les traces de la vérité.

Huit jours ne sont pas écoulés lorsque je reçois la visite d'Adolphe; j'en éprouve un sentiment de plaisir, parce que je compte lui parler de Clémence. Il entre chez moi d'un air fort triste; il est pâle, sa figure est allongée, et ses yeux très-rouges semblent vouloir sortir de sa tête.

Je suis bien sûr qu'il va me parler de Juliette; je ne l'écouterais pas si je n'a-

vais dessein de l'interroger à mon tour ;
mais ce motif me décide à avoir de la
patience.

En effet, après quelques propos insi-
gnifians, Adolphe se jette dans un fauteuil, tire son mouchoir, s'essuie les
yeux et balbutie en sanglotant :

« Monsieur Arthur, vous voyez de-
» vant vous un homme bien à plaindre!...
» un homme réellement malheureux.

» — Qu'est-ce donc, Adolphe? est-ce
» qu'il vous est arrivé quelque chose de
» nouveau depuis notre rencontre à l'île
» Saint-Denis?

» — Mon Dieu non!... il ne m'est rien
» arrivé... je voudrais bien qu'il me fût
» survenu quelque aventure... pour me
» distraire... mais non... c'est toujours
» la même chose qui me tue... c'est de
» ne pas savoir à quoi m'en tenir relati-

» vement à l'amour de Juliette pour
» moi !...

» — Vous êtes difficile à persuader...
» à votre place, il y a des gens qui n'au-
» raient pas le moindre doute. — Vous
» croyez qu'il y a des gens qui ne dou-
» teraient pas de son innocence ? — Je
» ne vous dis pas cela... — Ah ! je croyais.
» Écoutez donc, c'est que plus j'y réflé-
» chis... d'abord ce Théodore est un vi-
» lain garnement !... qui n'a aucun res-
» pect pour le beau sexe... il parlait
» quelquefois des femmes d'une façon
» qui révoltait Juliette ! il nous disait :
» Moi, on ne m'a jamais résisté. Quand
» une femme me plaît, je suis sûr de
» mon affaire, il faut que cela soit. »
» Hein ! dites donc ?... un homme qui
» ose dire : il faut que cela soit, est-ce
» que ça ne signifie pas : Tous les moyens

» me sont bons... même la violence?
» C'est le langage d'un satyre!

» — Cela peut signifier cela si l'on
» veut. — Oh! le traître!... si je l'avais
» bien jugé plus tôt!... Depuis quelques
» jours, j'ai appris de lui des traits indi-
» gnes!... Il y a une douzaine de trai-
» teurs chez lesquels il allait dîner pen-
» dant un mois à crédit, et puis, bien le
» bonjour! dès qu'on lui demandait de
» l'argent, ce monsieur faisait ce qu'on
» appelle *un pouf;* il ne revenait plus.

» — Je n'ai pas besoin que vous m'ap-
» preniez que cet homme est un escroc,
» il y a long-temps que j'en suis per-
» suadé.

» — Mais, c'est qu'à l'entendre, c'est
» toujours lui qui était la dupe des au-
» tres! — Telle est la tactique des fri-
» pons; ils vous volent, et crient au vo-

» leur ; ils vous doivent, et vous récla-
» ment de l'argent; ils vous diffament,
» et vous demandent des dommages pour
» solde de leurs infamies ; j'en sais même
» qui commettent les actions les plus
» basses, les plus dégoûtantes, dans l'es-
» poir que les personnes qu'ils outragent
» porteront plainte, parce qu'alors, c'est
» eux qui se plaindront aussi, qui atta-
» queront et qui viendront se dire lésés
» dans leurs intérêts. Que voulez-vous?
» la friponnerie est devenue un com-
» merce, et, comme les fripons connais-
» sent leur code, et toutes les ressources
» de la chicane, beaucoup mieux que
» les honnêtes gens, vous voyez les pre-
» miers en imposer à la justice, qui est
» trop souvent mal nommée.

» — Oh! oui, monsieur Arthur! ce
» que vous dites là est bien vrai ! Juliette

» n'aimait pas Théodore... elle est très-
» fine, Juliette, et elle me disait sou-
» vent : Ne prête pas d'argent à ton
» ami... ne va pas si vite... attends un
» peu!... il faut voir ses entreprises...
» Le scélérat!... il paraît qu'elle les a
» vues, ses entreprises!...

» -- Écoutez, Adolphe, vous ferez ce
» que vous voudrez avec votre Juliette;
» je vous ai déjà dit que je ne vous don-
» nerais plus aucun conseil; laissons donc
» ce sujet, et veuillez répondre à quel-
» que chose qui m'intéresse à mon
» tour.

» — Volontiers, monsieur Arthur...
» tout ce que vous voudrez! hi! hi!
» hi!... je ne mange plus!... je ne dors
» plus!... je suis malheureux comme les
» pierres!... Cette créature-là m'a jeté

» un sort... il n'est pas possible!... hi!
» hi! hi!...

» — Avez-vous fini de pleurer, Adol-
» phe? en vérité, vous me faites pitié!

» — Je crois bien! je me fais pitié à moi-
» même... je maigris... je fonds dans mes
» habits...

» — Voulez-vous m'écouter? — Je vous
» écoute, allez toujours... — Juliette
» vous a-t-elle parlé d'un M. Moncar-
» ville? — Moncarville... ah! oui... un
» vieux... un original qui a absolument
» voulu adopter le petit Oscar, qui l'a
» pris chez lui, et le traite comme son
» fils... hi! hi! hi!... Quand je rentre
» chez moi et que je ne la trouve plus,
» ça me donne tout de suite mal au ven-
» tre!... — Juliette vous a-t-elle aussi
» parlé de la femme de ce M. Moncar-
» ville... nommée Clémence, et qui

» vient de quitter son mari?—Non... je
» n'ai jamais entendu prononcer ce nom-
» là... Ah ! attendez !... une fois pour-
» tant, je me rappelle que Juliette a dit,
» d'un air tout joyeux : M. Moncarville
» a expulsé sa femme de chez lui, ça va
» joliment faire bisquer votre ami Ar-
» thur... — Et ensuite? — Voilà tout.
» — Elle n'a rien dit qui puisse indi-
» quer la retraite de Clémence? — Rien
» du tout. — Plus d'espoir ! — Comme
» vous dites... plus d'espoir... car, s'il
» faut vous l'avouer... je lui ai écrit deux
» fois, moi. — A Clémence? — Eh!
» non... est-ce que je connais cette
» dame?... à Juliette... depuis l'aven-
» ture de la friture... oui, j'ai écrit à Ju-
» liette pour lui demander des éclaircis-
» semens sur sa conduite chez le trai-
» teur ; eh bien ! croiriez-vous qu'elle a

» eu la barbarie de me renvoyer mes let-
» tres sans les lire... en disant à mon
» commissionnaire : je ne veux plus en-
» tendre parler de celui qui vous en-
» voie... qu'il me laisse tranquille... je
» vais me retirer à la Trappe... Hi ! hi!
» hi! elle veut se faire trappiste!... »

Je n'écoute plus Adolphe, je ne suis occupé que de celle dont je ne puis découvrir la demeure. Après avoir encore parlé, pleuré et gémi pendant quelque temps, Désigny se lève et me dit adieu ; je le laisse partir sans même lui répondre ; la lâcheté de caractère de ce jeune homme a dissipé le reste d'amitié que je ressentais encore pour lui.

Il faut perdre l'espoir de revoir Clémence, à moins que sa volonté ne la ramène près de moi; mais depuis qu'elle est libre, puisqu'elle n'a pas voulu me revoir, c'est que sans doute elle aussi m'a oublié ; et lorsque je me désespère d'avoir causé ses malheurs, dans les bras d'un autre elle en a peut-être perdu le souvenir. Voilà ce que je me dis... pour me consoler; mais, tout en me disant cela, je n'ai pas envie de me croire.

J'ai cessé d'aller dans le monde, où je ne m'amusais pas; je cherche des distractions dans le travail, dans l'étude, et je me dis encore : heureux celui qui cultive les lettres ! avec le goût de la littérature il n'est point d'entière solitude, de total abandon ; les plaisirs des sens passent vite, ceux du cœur se changent souvent en peines, mais ceux de l'esprit nous restent fidèles jusqu'à la fin de notre carrière.

Un soir, cependant, je ne sais quelle fantaisie me prend d'aller chez M. de

Réveillère. Dans cette maison, il m'est presque toujours arrivé quelque événement qui a influé sur ma vie, et pourtant j'éprouve le désir d'y retourner. Il y a près de trois mois que je n'y suis allé; je suis curieux de voir s'il m'y arrivera encore quelque chose d'extraordinaire, car je n'y cherche plus personne, et je ne vois pas quelle rencontre pourrait maintenant y troubler mon repos.

Je cède à l'idée qui m'est venue; qui sait d'ailleurs si ce n'est point le destin qui le veut ainsi, et qui me pousse vers des événemens que je voudrais en vain éviter? Sommes-nous bien réellement les arbitres de notre volonté, et n'y en a-t-il pas une plus forte qui nous fait agir? Je n'ose décider cette question; mais en bien des occasions, il m'a semblé que les hommes n'étaient que des machines.

J'arrive chez M. de Reveillère, mes yeux parcourent les salons; aux tables de jeu, je cherche M. Moncarville et Follard; au piano, à la danse, je regarde si j'apercevrai madame d'Asveda, que je verrai maintenant sans éprouver aucune émotion, car depuis ma visite chez elle, cette dame m'est devenue totalement indifférente; je m'étonne même d'avoir pu éprouver une passion violente pour elle : singulier sentiment que l'amour!... qui s'empare brusquement de tout notre être, qui semble identifié avec nous; que nous croyons devoir durer éternellement, quoique l'expérience soit là pour nous prouver le contraire, et qui souvent, en s'éteignant, ne laisse aucune trace de son passage.

Mais je ne vois aucun visage de connaissance, si ce n'est le jeune homme qui se plaignait d'avoir prêté de l'argent à M. de Follard. Il vient à moi, il aime à causer; ses observations, ses remarques caustiques me font rire, et il y a déjà quelque temps que je l'écoute, lorsque j'entends annoncer : « Monsieur le » baron et madame la baronne de Har- » leville. »

J'avoue que cette annonce me fait tressaillir ; la baronne de Harleville ! Mon père se serait-il remarié ?.. cela serait possible ; et bien certainement il ne se sera pas cru obligé de me faire part de son mariage.

Je me retourne pour voir entrer les personnes que l'on vient d'annoncer. Quel est mon étonnement, lorsque dans la dame que mon père tient par la main, je reconnais Adèle... madame d'Asveda.

Je suis obligé de m'appuyer contre la

cheminée près de laquelle j'étais debout, car je ne puis dire ce qui se passe en moi; ce n'est pas un mouvement de jalousie qui m'a fait pâlir... Oh! non, cette femme m'est bien entièrement indifférente! mais la retrouver épouse de mon père, c'est une chose qui me semble incroyable.

Adèle a une toilette d'une élégance à attirer tous les regards; des diamans étincellent à son cou, à ses oreilles; un sentiment de plaisir ou plutôt de triomphe anime ses traits; de son côté, le baron semble rayonnant; il a l'air fier d'être le mari d'une aussi jolie femme.

« Eh bien, » me dit mon jeune voisin, en me poussant le bras pendant que je regarde encore la nouvelle baronne. « Que
» vous avais-je dit la dernière fois que
» je vous ai vu, au sujet de la belle d'As-

» veda; elle tient au solide, elle se fera
» épouser par quelque vieux qui aura
» de l'argent... cela n'a pas manqué; le
» baron de Harleville s'est laissé prendre
» dans ses filets... pauvre cher homme!
» qui a l'air tout émerveillé de sa femme!..
» il n'y a vraiment pas de quoi!.. — Ce
» mariage est tout nouveau sans doute?..
» — Oui, malgré cela ils sont déjà venus
» plusieurs fois ici depuis; oh! la baronne
» aime le monde... les plaisirs! elle fera
» joliment courir les bals à son mari, à
» moins qu'il ne la laisse courir avec un
» autre. Mais on dit le baron très-ja-
» loux!.. pauvre fou... où diable s'est-
» il fourré alors!.. ce n'est pas qu'il soit
» bien vieux; mais cette femme-là ne
» l'aime pas, je le gagerais!.. elle l'a pris
» pour son argent; on dit que le baron
» a une quinzaine de mille francs de

» rente ; ce n'est pas assez pour faire une si
» grosse folie; sa jeune femme l'aura bien-
» tôt ruiné... est-ce que vous ne pensez
» pas comme moi?—Je vous avoue que je
» suis si surpris de ce mariage, que je
» ne puis encore en revenir... — Moi,
» il ne m'a aucunement étonné. — Ce-
» pendant le baron de Harleville est un
» homme froid, sévère, qu'on pouvait
» croire moins qu'un autre capable d'une
» telle folie... — Fiez-vous donc aux
» airs froids et sévères : ceux-là sont tou-
» jours les plus chauds en dedans !.. On
» m'a dit que le baron avait un fils de sa
» première femme, mais un fils avec le-
» quel il est brouillé, et qu'il ne voit
» plus depuis long-temps. C'est peut-être
» aussi pour faire niche à ce fils, qu'il a
» eu l'idée de se remarier.— Vous pour-
» riez avoir raison... — Je n'en tiens pas

» moins le pari que je vous offrais l'autre
» fois... — Quel pari? — Que celui qui
» épouserait la belle d'Asveda serait cocu.
» — Ah !.. quelle idée !... — Idée très-ra-
» tionnelle, surtout depuis le mariage
» qu'elle vient de faire. A présent qu'elle
» n'est plus veuve, j'ai déjà remarqué
» qu'elle reçoit beaucoup plus gracieu-
» sement les hommages des jeunes gens!..
» Son affaire est faite, elle ne va plus
» songer qu'à s'amuser. Tenez, si vous
» voulez, nous lui ferons la cour tous
» les deux, et le premier heureux paiera
» un dîner au café de Paris... ça y est-
» il!... — Non! non!... je n'ai aucune
» envie de faire la cour à cette dame...
» — Pourtant, la dernière fois que vous
» l'avez aperçue ici, vous en paraissiez
» très-enthousiasmé ; vous ne la perdiez
» pas de vue... j'ai même remarqué que

» vous m'avez quitté brusquement pour
» la suivre quand elle est partie... Oh!
» c'est que je vois tout, moi!.. — Je
» vous assure que vous vous êtes mépris
» sur mes sentimens; je n'éprouve pour
» cette dame que la plus parfaite indif-
» férence. — Diable!.. comment vous
» les faut-il alors?.. moi, depuis qu'elle
» est baronne, elle me séduit beaucoup
» et je suis décidé à lui faire la cour. —
» Prenez garde; vous savez que le baron
» est fort jaloux... — Oh! la jalousie
» d'un mari!.. est-ce qu'on fait attention
» à cela? »

Le jeune homme me quitte pour aller rôder près de madame de Harleville; moi, je m'éloigne au contraire de ma nouvelle belle-mère, car je m'aperçois qu'elle m'a vu. Ses yeux étaient atta-chés sur moi, elle cherche peut-être dans les miens du dépit, de la douleur de la voir à un autre; elle n'y trouverait pas tout cela : mais je ne veux même pas qu'elle puisse croire que je m'occupe d'elle.

Je passe dans une pièce où l'on joue, j'y rencontre mon père; en m'apercevant un sourire ironique vient effleurer ses lèvres. Croit-il donc m'avoir rendu bien malheureux en se remariant? pense-t-il que je pleure la fortune qu'il pouvait me laisser? Ah! que cette pensée est loin de mon cœur; et combien mon père me juge mal! Qu'il soit heureux avec cette femme à laquelle il vient de donner son nom, que sa vieillesse trouve près d'elle les soins, les attentions qu'il n'a pas voulu recevoir de son fils; voilà le seul désir que je forme, puisqu'il ne m'est plus permis d'espérer de contribuer moi-même à son bonheur.

Après avoir joué quelque temps, je vais m'asseoir près d'une dame assez jolie, qui me connaît par mes ouvrages, et semble trouver quelque plaisir à causer avec moi. Il y a déjà quelque temps que je suis près de cette dame, lorsque madame de Harleville vient s'asseoir en face de nous. Sa présence me contrarie, mais je ne veux point le laisser paraître, et je continue d'entretenir mon aimable voisine. Tout en ayant l'air de ne point regarder Adèle, il m'est impossible de ne pas m'apercevoir qu'elle fait tous ses efforts pour attirer mon attention. Elle parle haut, ou bien il lui échappe une exclamation, un éclat de rire, deux fois même je lui ai entendu prononcer mon nom assez haut, au point que la personne avec qui je cause me dit en souriant :

« Voilà une jolie femme qui parle de
» vous. »

Mais, ce manége ne lui réussissant pas, madame la baronne change tout à coup de place et vient s'asseoir tout à côté de moi, en s'écriant : «Je ne sais ce que j'ai...
» mais ce soir je ne puis rester long-
» temps au même endroit. »

Que signifie cette obstination à me poursuivre ; elle pense sans doute que je suis désespéré de la savoir remariée, elle veut absolument que cela me désole? sa coquetterie ne peut pas supporter que son changement de situation me soit indifférent.

Si la dame avec laquelle je causais ne me parlait encore, j'aurais cédé la place à ma nouvelle belle-mère ; mais en m'éloignant en ce moment, je crains de paraître malhonnête vis-à-vis de cette dame; ensuite n'aurais-je pas l'air de fuir la baronne, de ne pouvoir supporter sa vue?... elle se tromperait sur mes motifs; il vaut mieux rester.

Plusieurs jeunes gens viennent papillonner autour de la séduisante baronne; elle répond quelques mots sans suite aux galanteries qu'on lui adresse. Assis contre elle, il m'est difficile de ne pas entendre tout ce qu'elle dit; mais je n'ai nullement l'air de m'en occuper; je continue ma conversation, et je ne tourne pas la tête de son côté.

Bientôt je vois l'essaim de jeunes gens se disperser. C'est que le mari vient de s'approcher; j'entends la voix de mon père, il s'adresse à sa femme : « Vous » amusez-vous un peu, ma chère Adèle?.. » — Mais oui, beaucoup... — Vous ne » voulez pas jouer?... — Non, j'en serais

» bien fâchée! — Pourquoi restez-vous
» dans ce salon où l'on ne fait pas de mu-
» sique?.. — J'y suis très-bien, la mu-
» sique me fatigue quelquefois...—Vous
» seriez plus gaîment là-bas... où l'on
» danse... — Non, je vous répète que je
» me trouve bien... vous savez que je
» suis rarement d'avis de faire les volon-
» tés des autres, il faut au contraire
» que l'on fasse les miennes. — Ce sera
» toujours un plaisir, un devoir pour moi
» de satisfaire à vos moindres désirs. »

En disant ces mots, le baron prend la main de sa femme, que probablement il serre dans la sienne; puis il va se placer à une table de jeu.

Il n'y a que quelques minutes que son mari s'est éloigné d'elle, lorsque madame de Harleville me dit à l'oreille :

« Parce que je suis remariée, est-ce

» que vous n'osez plus ni me regarder,
» ni me parler?... »

Je ne réponds rien. Je ne me retourne pas plus; mais, au bout de quelques instans, saisissant le premier prétexte pour me lever, je quitte la place et je sors du salon, toujours poursuivi par les regards de la baronne.

Après avoir fait encore quelques tours dans les autres pièces, je gagne l'antichambre et je m'éloigne en me disant : j'avais bien raison de m'attendre à quelque événement nouveau en venant chez M. de Réveillère! mais jamais... non jamais, je n'aurais deviné qu'Adèle, que ma dame inconnue, deviendrait un jour ma belle-mère! »

CHAPITRE V.

UNE ADRESSE.

« Parce que je suis remariée, est-ce
» que vous n'osez plus, ni me regarder,
» ni me parler? » Ces mots que madame
de Harleville m'a dits à l'oreille dans le
salon de M. de Réveillère me reviennent
souvent à l'esprit. Elle voudrait donc que

je fusse encore amoureux d'elle, que je lui fisse la cour... mais pourquoi voudrait-elle cela, puisqu'elle ne m'a jamais aimé?... pour se moquer encore de moi, c'est probable. J'en suis désolé, madame, mais il n'en sera rien. Certes, vous êtes bien séduisante! mais alors même que votre conduite à mon égard n'eût pas déjà éteint mon amour, le titre que vous portez maintenant suffirait pour faire fuir jusqu'aux plus légers souvenirs de ce sentiment. Je sais bien qu'Adèle ignore les liens qui m'attachent à son mari. Le baron lui aura sans doute dit qu'il avait un fils; mais je suis certain qu'il ne lui aura pas appris le nom sous lequel je suis connu dans le monde.

Décidément je ne veux plus retourner chez M. de Réveillère ; je crois qu'il y a des maisons qui nous portent malheur et dans lesquelles nous finirions par nous rompre le cou.

Mais il y a aussi de ces hasards qu'on ne peut empêcher, qu'on ne saurait prévoir!... maintenant que je désire ne plus me trouver avec la charmante Adèle, et que je ne vais plus dans la réunion où je pouvais la rencontrer, je ne puis faire un pas aux promenades, sans y apercevoir madame de Harleville. Au spectacle, si je me mets dans une loge vide, M. le baron et sa femme arrivent et se mettent à mon côté; si je choisis une place près de gens étrangers, afin d'être certain qu'Adèle ne sera plus ma voisine, en levant les yeux je l'aperçois en face de moi, et ses regards, presque constamment attachés sur ma personne, me gênent, m'embarrassent et me font souvent quitter le spectacle.

Ce jeune homme avait raison, en disant que la nouvelle épouse du baron mènerait grand train la fortune de son mari. Il me paraît qu'elle lui fait continuellement courir les spectacles, les concerts, les bals. Eh bien! pendant quelque temps je me priverai de tout cela, et nous verrons si le destin me rapprochera encore de madame de Harleville.

Je vais quelquefois me promener aux Tuileries, mais de grand matin, et à l'heure où la belle société repose encore. J'ai revu deux fois le petit Oscar, et toujours avec son père. Lorsque cet enfant m'aperçoit, il me fait un aimable sourire, mais il a l'air de ne pas oser s'approcher de moi, sans doute on le lui aura défendu; je suis fâché de ne plus pouvoir lui parler. Chez son père, il entend peut-être prononcer le nom de Clémence, et je voudrais tant avoir de ses nouvelles ! Si je l'avais pu, j'aurais questionné cet enfant... je rôde quelquefois autour de lui, lorsque sa balle ou son cerceau l'entraînent un peu loin; mais monsieur Moncarville ne le perd pas de vue, et, dès qu'il m'aperçoit, il appelle l'enfant d'une voix sévère, et ne tarde pas à s'éloigner avec lui.

Un matin, j'étais aux Tuileries et je regardais de loin le fils de Juliette, que son père tenait par la main, lorsqu'un homme passe près de M. Moncarville, le salue très-humblement, et, après lui avoir dit quelques mots, continue son chemin de mon côté.

J'ai suivi cet homme de mes regards... il ne m'est pas inconnu... singulier hasard ! c'est monsieur Lubin, l'homme de lettres ; son costume toujours aussi râpé n'annonce point de changement heureux dans sa fortune; cependant il y a dans sa tournure une gravité prétentieuse. Je cours à lui, je l'arrête par le bras.

« Bonjour, monsieur Lubin... vous ve-
» nez comme moi jouir de bonne heure
» de cette promenade... »

Monsieur Lubin me regarde, semble tout surpris de me voir l'aborder, et me répond d'un air assez peu aimable :

« En effet, monsieur, il fallait que je
» passasse dans ce jardin, et que je le
» traversasse... mais non pas pour que
» je m'y promenasse... »

Je me rappelle alors que j'ai assez mal reçu ce pauvre homme la dernière fois que je l'ai trouvé chez ma portière, et je m'écrie :

« Tenez, monsieur Lubin, je vois que
» vous m'en voulez un peu, parce que

» la dernière fois que je vous vis, je
» n'eus pas le temps de vous écouter...
» j'ai eu tort, j'en conviens, car je vous
» avais donné rendez-vous ; mais que
» voulez-vous ? ce soir-là, il était tard...
» j'étais fatigué... je ne sais trop ce que
» je vous ai dit !... »

La figure de M. Lubin se déride, et il sourit presque en me répondant :

« Monsieur, du moment que vous
» aviez envie de dormir, tout est oublié ;
» certainement, je me disais bien qu'il
» fallait que vous tombassiez de som-
» meil pour m'être incivil... Entre con-
» frères, on n'a pas l'habitude de se mal
» recevoir !..

» — Vous avez parfaitement raison,
» monsieur Lubin ; mais nous autres hom-
» mes de lettres nous avons souvent des

» maux de nerfs, des vapeurs comme
» les jolies femmes... Ces jours-là un rien
» nous donne de l'humeur, nous con-
» trarie... nous ne sommes ni en état de
» travailler, ni de causer...

» Je sais cela, monsieur, je l'ai éprouvé
» très-souvent sur moi-même : il y a des
» jours où je suis stupide!... nul!... quel-
» quefois cela dure des semaines en-
» tières!... alors il me serait impossible
» de composer... de versifier; je ne trou-
» verais pas une rime à : communément!
» mais cela se dissipe, et ensuite on re-
» prend tous ses avantages...

» — Monsieur Lubin, je viens de vous
» voir saluer un monsieur qui s'éloigne
» là-bas... avec un petit garçon... c'est,
» je crois, M. Moncarville.

» — Vous ne vous abusâtes point.
» C'est M. Moncarville, et son fils le

» jeune Oscar... je dis fils, quoique l'en-
» fant ne soit que naturel, et que la loi
» dise : *Pater est quem nuptiæ demons-*
» *trant.*

» — Oui, oui, je sais... Vous connais-
» sez ce M. Moncarville?...

» — Je le connais, si vous voulez...
» c'est plutôt à son petit bâtard que je
» suis attaché. Je lui montre les langues
» mortes et autres, l'écriture et les quatre
» règles...

» — Ah! vous êtes précepteur du pe-
» tit Oscar? — Précepteur... si vous
» voulez!... Vous sentez bien que ma
» vocation m'appelle à autre chose, et
» lorsque par mes ouvrages je devrais
» espérer une place à l'Académie, il
» m'est bien pénible d'être forcé de faire
» conjuguer un petit garçon... de perdre

» mon temps à lui apprendre *alpha*,
» *béta, gamma, delta, et cætera!...*
» mais enfin... puisque les hommes ne
» veulent pas m'entendre, je me suis
» dit : parlons aux enfans...

» — Cela fait votre éloge, monsieur
» Lubin; est-ce que vous logez chez
» M. Moncarville?

» — Non, je n'y loge pas... j'en suis
» fâché... cela m'arrangerait d'avoir la
» table comprise dans mes honoraires...
» mais M. Moncarville ne l'a point voulu.
» Je ne vais que donner des leçons tous
» les jours, excepté le dimanche et le
» jeudi... Je ne suis point mécontent de
» mon élève; il mord au grec... dès qu'il
» me voit il s'écrie : *Alpha! béta! béta!*
» *béta!...* et je ne peux plus l'arrêter.

» — Mais il faut pourtant que vous
» soyez assez intime avec M. Moncar-

» ville, pour qu'il vous ait appris que
» son fils n'était pas...

» — Oh! j'ai deviné cela par un mot
» d'un côté... un mot d'un autre... Le
» petit garçon est très-bavard... et puis
» je sais très-bien que M. Moncarville
» est marié, qu'il vient de se séparer
» d'avec sa femme qui n'est point la mère
» du jeune Oscar.

» — Ah! vous savez tout cela... Je
» croyais que M. Moncarville n'aimait
» pas à parler de toutes ces affaires.... —
» Il n'en parle point non plus... mais
» un jour, je fus à même de lui rendre
» un léger service; il me requit pour me
» rendre chez son épouse légitime; je
» dis légitime, quoique sa conduite...

» — Il serait possible, monsieur Lu-
» bin! vous auriez été chez Clémence,
» vous savez où elle demeure?...

» — Clémence... qu'est-ce que c'est
» que Clémence ? — La femme de
» M. Moncarville. — J'ignorais qu'elle
» se nommât ainsi... mais pardon, une
» autre leçon m'appelle... c'est la versi-
» fication que je vais enseigner à un
» jeune garçon confiseur qui se destine
» aux devises. — Monsieur Lubin, en-
» core un mot, de grace !... l'adresse de
» madame Moncarville. — L'adresse de
» madame Moncarville... attendez donc...
» c'est dans une rue... que je ne con-
» naissais pas... dans un quartier qui
» m'était étranger... Pour que je me le
» rappelasse... il faudrait que je le re-
» visse... — Ah! cherchez... je vous en
» supplie... cherchez... — Je chercherai
» chez moi, je dois avoir l'adresse écrite
» sur une carte. M. Moncarville me
» l'avait donnée... — Chez vous? eh

» bien ! courons-y... prenons un cabrio-
» let... — Je ne puis, mon élève m'at-
» tend. Ce malheureux jeune homme
» n'avait aucune idée de la poésie ; il fe-
» rait rimer *amour* avec *charbon*. Il avait
» voulu faire une chanson pour la fête
» de son confiseur, et tous les vers finis-
» saient par le même mot... Je puis vous
» en citer un couplet :

> Vous qui faites bien les dragées,
> Vous dont on aime les dragées,
> Si je vous donnais des dragées,
> Vous diriez : ce sont mes dragées,
> Mais je veux...

» — Ah! monsieur Lubin! si vous sa-
» viez quel prix j'attache à connaître
» l'adresse de cette dame... quel service
» vous me rendriez!..

» — Monsieur, je suis tout disposé à
» vous être agréable... quoique vous

» n'ayez point voulu m'aider à faire
» jouer mon *Chaos!*... ouvrage qui au-
» rait eu un succès fou! surtout dans ce
» moment où l'on veut trouver de l'ac-
» tualité dans les pièces de théâtre...

» — J'ai eu tort, sans doute, monsieur
» Lubin; mais vous me relirez votre
» *Chaos*... votre *Déluge*, tout ce que
» vous voudrez... après que vous m'au-
» rez dit l'adresse de cette dame...

» — Monsieur, demain matin, si vous
» vouliez que je passasse chez vous?...
» d'ici là, j'aurai recherché cette adres-
» se, et je l'aurai infailliblement re-
» trouvée!...

» — Eh bien! soit... demain matin...
» puisque vous ne pouvez me la dire tout
» de suite... — Comme j'ai eu l'honneur
» de vous le mentionner, il faut que
» j'aille trouver mon élève auquel j'ap-

» prends la versification. Je lui ai déjà
» dit qu'il mettait beaucoup trop de dou-
» ceur dans ses quatrains; mais avec
» mes leçons et mes exemples... — A
» demain matin, monsieur Lubin, je
» compte sur vous, ne l'oubliez pas!...
» —Oh! j'ai la mémoire de *Mnémosyne!*...
» j'apporterai mon manuscrit du *Chaos*,
» avec les additions que j'y ai faites. —
» Tout ce que vous voudrez, monsieur
» Lubin.—Ah!... pardon, monsieur Ar-
» thur, encore un mot, s'il vous plaît...
» dois-je me rendre chez vous avant ou
» après déjeuner?

» Avant, monsieur Lubin, avant, cela
» va sans dire!... nous déjeunerons en-
» semble. — Cela m'arrange, vu que je
» préfère sortir à jeun... A demain
» donc... — Avec l'adresse que je vous
» demande... — Oui, monsieur... et le

» manuscrit du *Chaos...* J'ai bien l'hon-
» neur de vous saluer. »

Monsieur Lubin s'éloigne, et moi je quitte les Tuileries tout joyeux de ma rencontre, le cœur plein de l'espoir qui vient de m'être rendu, me flattant de revoir bientôt cette femme que j'aime tant, que j'adore... surtout depuis que j'ai causé ses malheurs et qu'elle ne m'a plus donné de ses nouvelles; mais il faut presque toujours être privé d'un bien pour en apprécier toute la valeur.

On doit penser avec quelle impatience j'attends le lendemain, moi, qui ne sais point sentir froidement, ni être heureux ou malheureux à demi; moi, dont l'imagination va toujours au-delà du probable, qu'un rien abat, qu'un rien enchante, et dont le cœur n'a jamais su raisonner! On prétend qu'il est fort malheureux d'être ainsi fait, que les caractères froids, réfléchis, supportent beaucoup mieux les peines, y sont moins sensibles; oui, c'est présumable; mais, comme tout doit être compensé, je crois que ceux-là ne sentent pas si vivement les plaisirs.

J'ai fait apporter un copieux déjeuner; c'est le moins que je tâche de bien traiter ce pauvre homme que je suis si heureux de retrouver aujourd'hui; il est terriblement ennuyeux avec ses ouvrages!... mais il va m'aider à revoir Clémence! je supporterai, s'il le faut, la lecture entière de son *Chaos*. Dans le monde il y a bien des gens qui nous ennuient sans qu'il y ait de compensation.

A neuf heures précises, mon convive se présente avec je ne sais combien de rouleaux sous ses bras.

« Je craignais de me présenter trop
» tôt, » dit M. Lubin en me saluant
jusqu'à terre.

« Oh! il y a long-temps que je suis
» levé et que je vous attends ; asseyez-
» vous, il faut d'abord déjeuner...

» — C'est juste, comme le dit... je
» ne sais plus quel auteur, dans... je ne
» ne sais plus quel poème: *Un déjeuner*
» *réchauffé ne valut jamais rien.*

» — Oui, c'est cela, avec un pied de
» trop... — Un pied... comment ?...

» — Laissons les citations, monsieur
» Lubin, permettez que je vous serve...
» — Monsieur, je suis confus... — Mais
» pardonnez-moi si je vous adresse tout
» de suite une question... Vous êtes-
» vous rappelé votre promesse? — Oui,
» monsieur, je n'avais garde de l'ou-
» blier!... — Ainsi, vous m'avez ap-

» porté... — Mon *Chaos*, avec toutes les
» variantes, six dénoûmens de plus... il
» m'a semblé que ce serait à la fois neuf
» et agréable pour un théâtre, de pou-
» voir, en jouant une pièce toute une se-
» maine, par exemple, en changer cha-
» que soir le dénoûment. Ainsi, on met-
» trait sur l'affiche : Hier, cela finis-
» sait bien, ce soir, cela finira mal...
» demain ça finira mieux... ou... — Ah!
» monsieur Lubin, ce n'est pas de cela
» que je vous parlais, votre *Chaos* est
» fort intéressant, j'en suis persuadé;
» mais vous ne pouvez m'en vouloir de
» désirer avant tout, connaître l'adresse
» de madame Moncarville ! — L'adresse
» de madame Moncarville !... oh! j'y ai
» pensé aussi, monsieur; car je n'ai
» point oublié le vif désir que vous m'a-
» vez témoigné de la savoir... j'ai infini-

» ment de mémoire... J'ai l'honneur de
» boire à votre santé... — Vous êtes un
» homme charmant, monsieur Lubin;
» eh bien, cette adresse?.. — Je vous de-
» manderai encore un peu de ces rognons,
» ils sont parfaits!... — Enchanté que
» vous les trouviez bons... Cette adresse.
» — Monsieur, j'ai passé toute ma soirée
» d'hier à la chercher. En quittant mon
» élève le confiseur, je suis sur-le-champ
» rentré chez moi ; j'y ai visité tous mes
» meubles... ce qui n'a pas été long;
» j'ai fouillé dans mes cartons... dans
» mes cahiers... jusque dans les po-
» ches de mon carrick, qui me sert de
» robe de chambre l'été et de manteau
» l'hiver... — Enfin, monsieur Lubin...
» — J'ai l'honneur de boire à votre
» santé ; enfin, monsieur, je n'ai pu
» parvenir à mettre la main sur cette

» adresse... — Vous ne l'avez pas re-
» trouvée!.. — Non, monsieur... mais à
» présent, je me rappelle un fait im-
» portant. — Qu'est-ce donc? — C'est
» qu'il y a quinze jours environ, ayant
» eu la fantaisie de me régaler d'une
» omelette, j'ai brûlé beaucoup de
» papiers pour faire flamber mon feu,
» et l'adresse de cette dame se sera trou-
» vée dedans. »

Je frappe avec tant de colère sur la table, que les petits rognons sautent dehors de l'assiette de M. Lubin, qui les repique avec sa fourchette, et continue de manger avec beaucoup de sang-froid. Je ne puis rendre ce que j'éprouve, le chagrin de voir mon espoir déçu, le dépit que me cause la tranquillité de mon convive, vont me faire perdre patience; je suis sur le point de l'apostropher assez

vivement... lorsqu'en levant les yeux sur lui, je vois sa figure toute couverte d'éclaboussures de sauce qui s'est échappée en même temps que les rognons, et M. Lubin cherchant sous la table une partie de ce qui était dans son assiette. A cette vue, il n'y a pas moyen de conserver son sérieux ; ma colère cède au besoin de rire, et M. Lubin, après avoir repiqué avec sa fourchette tout ce qui était à terre, prend son verre en répétant : « J'ai l'honneur de boire à vo-
» tre santé.

» — Monsieur Lubin, je suis vrai-
» ment bien malheureux que vous ayez
» perdu cette adresse... mais enfin j'es-
» père que le mal n'est point irréparable...
» Vous avez été chez cette dame... n'est-
» ce pas ? — Oui, monsieur, j'y suis
» allé en fiacre, vu qu'il y avait une

» malle à remettre!... oh! je ne l'oublierai
» jamais; c'est la seule fois de ma vie
» que je sois allé en voiture. — Eh bien!
» il n'est pas possible que vous ayez en-
» tièrement perdu le souvenir du quar-
» tier, de la rue où vous avez été. — Cer-
» tainement, monsieur, je ne l'ai pas
» perdu. Le quartier, c'était le Marais...
» oui, c'était bien au Marais. — A mer-
» veille, et de quel côté environ?... —
» Du côté... ce doit être aux environs de
» la place Royale; car en quittant ma voi-
» ture, je traversai cette promenade. —
» Très-bien, nous irons après déjeu-
» ner à la place Royale; nous parcour-
» rons, si cela est nécessaire, toutes les
» rues environnantes, et il faudra bien
» que vous reconnaissiez la maison où
» vous avez été. — Je la reconnaîtrai
» d'autant mieux que je me rappelle

» maintenant qu'il y avait un tas de
» paille contre la porte. — Je ne crois
» pas qu'il y sera resté, mais vos yeux
» aideront votre mémoire. Maintenant,
» monsieur Lubin, veuillez me dire par
» quel hasard M. Moncarville vous avait
» envoyé chez sa femme, qu'alliez-vous
» y faire? — Je vais vous le dire, mon-
» sieur... je vous demanderai encore un
» peu de beefteack... — Tout ce que
» vous voudrez... — Monsieur, j'étais
» allé donner une leçon au petit Oscar...
» il ne fait point encore des vers comme
» mon confiseur, mais je l'y pousse-
» rai... je donnais donc ma leçon...
» mon élève déclinait *musa* sur *rosa*, et
» moi j'examinais une malle qui était au
» milieu de la chambre, et M. Moncar-
» ville, qui après avoir plusieurs fois
» passé près de nous, avait regardé la

» susdite malle avec humeur en mur-
» murant : Je voudrais qu'elle fût au
» diable!... ces paroles me frappèrent,
» et, présumant que c'était la malle qui
» contrariait le père de mon élève, je
» me hasardai à lui dire : Si ce meuble
» vous gêne, monsieur, je l'emporterai
» volontiers chez moi... cela m'arran-
» gera même, car je n'en ai pas... et cela
» me servirait de bureau. Là-dessus
» M. Moncarville me regarda quelque
» temps, puis me dit : Ce qui m'ennuie,
» c'est qu'il faut que j'envoie cette malle
» chez une dame... je ne veux pas y aller
» moi-même... mais il y a là-dedans
» des effets qui lui appartiennent, et je
» voudrais qu'elle me signât un reçu :
» voulez-vous vous charger de cette
» commission... je vais faire venir un
» fiacre, vous monterez dedans avec la

» malle? J'acceptai la proposition, et
» pendant que M. Moncarville écrivait le
» reçu pour que je n'eusse plus qu'à le
» faire signer, le petit Oscar, qui est ba-
» vard comme une pie, me dit à l'oreille :
» Je sais bien chez quelle dame vous
» allez... c'est la femme de papa... ce
» sont ses robes, ses effets qui sont dans
» cette malle; mais ne dites pas que je
» vous ai appris ça, car on me taperait !
» Je me tus... et je gardai mes réflexions
» pour moi, mais j'observai que sur l'a-
» dresse qu'on me donna, il n'y avait
» pas le nom de madame Moncarville.

» — C'était un autre nom... ah ! je me
» doutais bien qu'elle n'aurait pas con-
» servé celui de son mari... et quel
» nom a-t-elle pris ?... — Madame... ma-
» dame... diable... c'est singulier... il
» ne me revient pas non plus... ce qu'il

» y a de certain, c'est que cela com-
» mençait par madame... — Enfin vous
» avez trouvé Clémence... vous l'avez
» vue... que vous a-t-elle dit? Comment
» est-elle logée? — Je trouvai cette
» dame... je fis monter la malle par le
» portier... il y a un portier dans la
» maison... cette dame loge... au troisiè-
» me... ou au quatrième... mais ce n'est
» guère plus haut... je ne vis que deux
» pièces de son local... j'ignore si c'est
» tout... l'ameublement est modeste...
» mais je m'en arrangerais encore vo-
» lontiers! Cette dame me reçut très-
» poliment... elle m'offrit un siége que
» j'acceptai; elle signa le reçu que je lui
» présentai, mais elle ne me dit pas un
» mot de plus que : Je suis fâchée de
» votre peine, monsieur. J'aurais voulu
» causer un peu... je glissai un mot sur

» M. Moncarville, elle ne me répondit
» pas. Pour que je m'obstinasse alors
» à rester, il aurait fallu que je n'eusse
» aucun usage, je saluai cette dame et
» repartis. J'ai l'honneur de boire à votre
» santé. »

J'ai écouté avec intérêt ce qui a rapport à Clémence ; je voudrais en entendre encore parler, mais je vois que M. Lubin m'a dit tout ce qu'il savait, et je perdrais ma peine à le questionner.

« Mais, » dis-je au bout d'un moment, « si vous redemandiez à M. Mon-
» carville l'adresse de cette dame chez
» laquelle il vous a envoyé, sans vous
» dire que c'était sa femme.

» —Oh! je m'en garderais bien, mon-
» sieur ; le père naturel du petit Oscar
» n'est pas du tout aimable. Un jour, je
» ne sais plus à quel propos, j'avais ra-

» mené la conversation sur la dame chez
» laquelle il m'a envoyé; M. Moncarville
» m'a interrompu avec colère, en me
» disant : Brisons sur ce sujet, je vous ai
» payé votre commission, qu'il ne soit
» plus question de tout cela! Je me tus...
» mais, après tout, il ne m'a donné qu'un
» cachet de plus pour ma commission...
» c'est trente sous... belle poussée pour
» une mission délicate!

» — Je vois, monsieur Lubin, qu'il
» nous faudra visiter les environs de la
» place Royale, et, dès que vous aurez
» déjeuné...

» — Oui, monsieur... je suis en ap-
» pétit ce matin... Monsieur Arthur n'a
» pas non plus oublié qu'il m'a promis
» d'entendre mon *Chaos* avec les va-
» riantes? »

Je sens qu'il ne faut pas froisser

encore l'amour-propre de M. Lubin. J'aurai besoin de lui, ayons de la patience.

L'homme de lettres a pris un de ses rouleaux : je lui fais signe de commencer. Il lit pendant trois quarts d'heure au moins, ne s'arrêtant que pour boire. Moi, je n'ai entendu à mes oreilles qu'un bourdonnement uniforme; mais, comme je ne pensais qu'à Clémence, il me serait bien difficile de dire ce qu'on m'a lu.

Cependant, M. Lubin s'arrête et me regarde fixement, en me disant : « Eh
» bien! monsieur, que pensez-vous de
» cela ?...

» — Ma foi, monsieur Lubin, je pense
» que c'est très-bien... en mêlant un
» peu d'amour à votre intrigue. —De
» l'amour ! mais il n'y a que cela, mon-

» sieur! — Alors, il faudrait en ôter. —
» On m'avait engagé à transporter mon
» sujet à une autre époque ; au lieu de
» titans, de dieux, de déesses, à faire de
» tout cela une petite révolution popu-
» laire... des ouvriers avec des nobles,
» par exemple? — En effet, monsieur
» Lubin, votre sujet peut être traité à la
» moderne : montrez les choses les plus
» saintes tournées en ridicule, les droits
» les plus légitimes usurpés, méconnus;
» les vieilles réputations attaquées par de
» jeunes ignorans, tout ce qui attirait
» nos respects devenu le domaine de la
» caricature; le dévergondage dans les
» arts, l'exaltation dans les esprits, la li-
» cence au lieu de la liberté, alors vous
» aurez écrit encore un véritable chaos,
» et celui-là aura de l'actualité. »

M. Lubin s'incline, mange, boit,

puis se dispose à prendre un autre rouleau; je l'arrête :

« Monsieur Lubin, notre café est chaud, il faut le prendre et aller ensuite place Royale.... Vous me lirez vos variantes un autre jour. — Cela m'arrange, monsieur, car je m'enroue en lisant... — Et moi, je suis pressé de partir. »

Je lui verse du café, de la liqueur; il avale coup sur coup trois petits verres; enfin il a tout pris, tout bu, je lui présente son chapeau et nous sortons.

M. Lubin a eu si souvent *l'honneur de boire à ma santé*, qu'il n'est plus dans son état naturel; je m'aperçois que le cher homme n'a pas la marche bien sûre; je le fais monter en fiacre, et je dis au cocher de nous mener place Royale.

Malheureusement le mouvement de la voiture auquel M. Lubin n'est point habitué, puisque c'est seulement la seconde fois qu'il y monte, augmente encore le vague de ses idées ; mon convive ne sait plus où il en est, tantôt il se penche par la portière, de manière à me faire craindre qu'il ne passe au travers, tantôt il se laisse aller en arrière et paraît disposé à s'endormir. Je suis au supplice ! cet homme me fait payer bien cher un service qu'il ne me rendra peut-être pas.

Nous sommes arrivés à la place Royale. Le cocher s'arrête, je descends et je dis à M. Lubin d'en faire autant; il reste sur la banquette du fond en balbutiant : « Je préfère aller encore en voiture. »

Il faut que je me fâche, que je le tire par la jambe pour lui faire quitter le

fiacre, enfin j'en viens à bout. Je renvoie la voiture, et me voilà au milieu de la place Royale avec M. Lubin, qui regarde autour de lui d'un air hébété, en me disant : « Où sommes-nous donc,
» monsieur?...

» — Sur la place Royale, monsieur
» Lubin. — Ah ! diable... et qu'est-ce
» que nous venons faire ici?.. »

Comme je battrais de bon cœur ce maudit homme!... pour le punir de son intempérance ! Mais, au lieu de cela, il me faut encore lui parler avec douceur... pour tâcher de m'en faire entendre. Après tout, c'est un peu ma faute s'il est dans cet état, je l'ai peut-être fait boire et manger trop vite.

Je lui prends le bras que je passe sous le mien, en lui disant : « Appuyez-vous
» sur moi, monsieur Lubin... — Avec

» plaisir, monsieur... cela m'arrange,
» car je me sens tout étourdi... — Cela
» va se dissiper, je l'espère... — Ce sont
» les petits rognons qui m'ont porté à la
» tête... — Je crois plutôt que ce sont
» les petits verres de liqueur... ou la
» lecture de votre pièce qui vous a
» échauffé. — Oui... c'est la lecture...
» j'y mets tant de feu ! — Maintenant,
» monsieur Lubin, il s'agirait de re-
» trouver la rue dans laquelle demeure
» cette dame chez qui vous avez reporté
» une malle...— Quelle malle ?... quelle
» dame ?...

Ah, mon Dieu ! où me suis-je fourré ?
J'entraîne M. Lubin vers un café, et je
l'y fais entrer, en lui disant : « Vous al-
» lez prendre de l'eau sucrée, cela vous
» remettra... — Volontiers... j'aimerais
» mieux du punch que de l'eau sucrée...

» — Dieu nous en garde!... du punch!
» cela achèverait de vous étourdir!...—
» Je ne suis pas étourdi, je vous assure.
» — N'importe. Oh! quand nous au-
» rons trouvé la demeure de cette dame,
» je vous ferai prendre du punch tant
» que vous en voudrez! »

On nous apporte de l'eau sucrée; j'en fais boire à M. Lubin. Nous restons un quart d'heure au café; au bout de ce temps, le voyant un peu remis, je l'emmène, en ayant soin pourtant de lui tenir toujours le bras.

Nous parcourons plusieurs rues. Nous nous arrêtons souvent, et je dis à mon compagnon : « Regardez bien... est-ce
» une de ces maisons!... »

M. Lubin regarde, secoue la tête négativement, et termine toujours en disant : « D'ailleurs, il y avait beaucoup de

» paille à la porte... et je n'en vois pas
» par ici... — Mais, monsieur, ne vous
» attachez pas à cela... cette paille aura
» été balayée, enlevée depuis que vous
» êtes venu... Il y a trois mois, je crois,
» que vous avez fait cette commission?
» — Oh! oui... il y au moins cela..
» — Comment voulez-vous donc que
» cette paille soit restée?... — Si c'était
» de la neige, je sais très-bien qu'elle se-
» rait fondue... mais la paille ne fond
» pas... il en reste souvent des ves-
» tiges. »

Il y a près d'une heure que nous explorons le quartier; je commence à perdre toute espérance; pourtant, M. Lubin, qui a recouvré toutes ses facultés, examine avec plus de soin les maisons devant lesquelles nous passons. Nous sommes alors dans une rue qui donne d'un côté sur le Boulevart, de l'autre sur la rue Saint-Louis, lorsque M. Lubin me dit :

« Il me semble bien, monsieur, que c'est
» par ici que je me suis trouvé, lorsque
» je suis sorti de chez cette dame...

»—Vous croyez... ah! monsieur Lubin,
» regardez... examinez avec attention cha-
» que porte... il est impossible que vous
» ne reconnaissiez pas la maison... »

Pendant que mon compagnon s'arrête, examine, et probablement cherche encore quelques brins de paille, moi, je regarde aux fenêtres, si je n'y apercevrai pas Clémence; je les passe toutes en revue, et je reste quelquefois en contemplation devant un rideau, derrière lequel j'ai cru apercevoir une tête de femme.

J'étais depuis quelques minutes arrêté devant une maison de modeste apparence, et M. Lubin regardait une porte à quelques pas de moi, lorsqu'un monsieur et une dame sortent de la maison devant laquelle j'étais arrêté.

D'abord, je fais peu attention à eux; mais la dame a tourné la tête... et je reconnais Clémence.

Clémence !... qui donne le bras à un autre homme !...Cet homme est jeune... il est bien... il lui parle... lui sourit... elle le regarde... elle sourit aussi... Ah! je ne puis rendre tout ce que j'éprouve... je suis resté immobile... j'ai senti mes jambes faiblir sous moi; je m'appuie contre une borne...je les suis des yeux... ma figure me brûle... pourtant je tremble et j'étouffe tout à la fois... jamais je ne me suis trouvé si malheureux !...

Ils ont monté du côté du boulevart; au bout de la rue, il m'a semblé que

Clémence tournait la tête et regardait de mon côté, puis ils ont disparu.

Clémence ne m'aime plus... c'est un autre qui a son amour... je ne puis me faire à cette idée ! il me semblait que cette femme-là ne pourrait aimer que moi... qu'elle me pardonnerait toujours mes infidélités, et qu'elle ne m'en ferait jamais.

Savoir qu'elle en aime un autre m'accable, me tue... je perds tout ce qui charmait mon coeur. Dès cet instant, plus d'amante, plus d'amie, plus rien de ces illusions qui consolent, qui laissent encore du bonheur pour l'avenir.

Je suis resté à la même place ; ma tête est retombée sur ma poitrine ; je ne sais plus si je pense, lorsque M. Lubin accourt à moi, en tenant un chalumeau de paille à la main :

« Tenez, monsieur... qu'est-ce que
» je vous disais que j'en trouverais en-
» core?... c'est en face, monsieur... c'est
» cette maison... j'en suis certain à pré-
» sent!...

» — Oui... je le sais, monsieur Lubin,
» c'est là qu'elle demeure... je l'ai vue
» sortir... je vous remercie... je suis sa-
» tisfait, maintenant...

» — Ah! nous avons trouvé, enfin!...
» mais votre figure est altérée, mon-
» sieur... est-ce que les rognons vous
» feraient mal aussi... — Non... ce
» n'est rien... adieu, monsieur Lubin...
» — Monsieur me quitte!... je croyais
» que nous irions prendre du punch si
» nous trouvions la demeure en ques-
» tion. — Je ne puis... ayez la complai-
» sance d'en prendre sans moi, monsieur
» Lubin, et excusez-moi... »

En disant cela, je glisse vingt francs dans la main de M. Lubin, qui les reçoit en balbutiant que cela l'arrange, et je m'éloigne sans écouter ses remercîmens.

CHAPITRE VI.

UN RENDEZ-VOUS.

Je voudrais pouvoir oublier, perdre tous mes anciens souvenirs d'amour; je voudrais m'imaginer que le passé n'a point existé, que je n'ai pas connu ces femmes qui m'ont trompé; que je n'ai point aimé celle qui ne m'aime plus;

enfin, je voudrais recommencer ma vie de jeune homme, et ne conserver aucun souvenir de mes premières intrigues amoureuses.

Mais, malgré moi, je pense sans cesse à Clémence, à cette femme que j'ai négligée, oubliée, tandis qu'elle m'aimait, et que j'adore, que j'idolâtre à présent qu'elle en aime un autre.

Je la vois sans cesse au bras de cet homme... elle s'appuyait sur lui sans doute; il y a une manière si particulière de donner le bras à quelqu'un que l'on aime!... j'ai bien peu sorti avec elle... mais il fut un temps où j'étais si heureux de sentir son bras sur le mien!... Ah! si j'avais encore pensé comme cela le dernier soir qu'elle vint chez moi, je ne l'aurais pas laissée partir seule.... seule et les yeux pleins de larmes!... Je me suis bien mal conduit, je le sens, et c'est ce qui me désespère... Je suis cause de son changement... Pourtant, si elle m'avait aimé autant qu'elle le disait, en aurait-elle écouté un autre ?

Cet autre, je ne l'ai vu qu'un moment, mais je le reconnaîtrai toujours; ce doit être un homme de mon âge, à peu près; il est mieux que moi... et d'ailleurs, elle doit le trouver cent fois mieux, puisque c'est lui qu'elle aime à présent. Elle m'a bien vu en passant... elle a tourné la tête... pour que je ne puisse douter que c'était elle. Elle semblait contente de passer sous mes yeux avec un autre; et cependant, elle devait bien penser que cela me ferait mal... et moi, alors même que je lui étais infidèle, j'aurais toujours voulu le lui cacher.

Si j'allais me placer près de la demeure de Clémence, pour guetter cet homme que j'ai vu avec elle, pour lui parler, lui chercher querelle... mais tout cela me rendrait-il l'amour de Clémence? Non, je serais ridicule, et voilà tout : un amant qu'on n'aime plus est aussi ennuyeux qu'un mari jaloux; et, avec le premier, on a moins de ménagemens à garder... Non, je ne m'offrirai plus aux regards de Clémence! je ne chercherai pas à troubler son bonheur ; et je la fuirai avec autant de soins que j'en mettais à la chercher.

Il est assez singulier que ce soit maintenant ma seule occupation avec les personnes que j'ai aimées.

C'est une triste chose que d'être désabusé sur tout, que de ne plus croire ni à l'amour, ni à l'amitié ! J'aimais tant à me faire des illusions!... et, tout en trompant les autres, il est si agréable de penser ne pas l'être!... Il y a pourtant des gens qui prétendent qu'on est plus heureux en ne croyant à rien ; mais la gaîté de ces gens-là n'est jamais franche, leur sourire est toujours amer.

Huit jours se sont écoulés depuis ma promenade aux environs de la place Royale, huit jours qui m'ont paru huit siècles, et pendant lesquels je n'ai pu ni travailler, ni m'amuser un instant. J'existe, mais comme un automate, comme une machine, ne voulant plus avoir de souvenirs de la veille ni de désirs pour le lendemain.

Dans la soirée du dernier jour, ma portière me remet une lettre. Je regarde l'écriture... elle m'est inconnue ; j'ouvre la lettre avec indifférence ; je ne suis plus disposé à m'enflammer pour une anonyme.

Le billet dont l'écriture est à peine lisible contient ces mots :

« On veut vous voir seul, on veut se
» réconcilier avec vous, car on vous
» aime plus que vous ne le méritez ; al-
» lez demain soir, sur les neuf heures,
» tout au bout du boulevart Saint-
» Antoine, près de la place de la Bas-
» tille ; une personne vous y atten-
» dra et vous conduira secrètement tout
» près de là, dans une maison où je
» serai. N'y manquez pas... je ne sais à
» quels excès me porterait mon déses-
» poir, si vous ne me pardonniez pas. »

Pas de signature!... Qui peut m'écrire ce billet?... veut-on encore se jouer de moi... Ah! grand Dieu! quelle pensée... celle qui m'écrit veut que je lui par-

donne, elle veut se réconcilier avec moi...
C'est donc Clémence... oui, ce ne peut
être que Clémence.... elle a deviné tout
le mal qu'elle m'a fait... et elle désire me
voir encore... mais que me dira-t-elle?..
Ah! si elle pouvait s'excuser... si elle
pouvait détruire la conviction que j'ai
de son inconstance, je serais encore trop
heureux.

Pourtant ce n'est pas là l'écriture de
Clémence... Pourquoi n'avoir pas elle-
même tracé ces lignes?... peut-être un
motif de prudence que je ne puis deviner, et qu'elle m'expliquera... Peut-être
est-elle malade?.... Mais quelle autre
femme que Clémence peut vouloir que
je lui pardonne. C'est elle qui m'attendra... elle veut me voir encore... Que
pourra-t-elle me dire... je l'ignore; mais
je voudrais déjà être près d'elle... je

brûle d'impatience... je ne puis rester en place... je n'espère pas retrouver le bonheur, mais du moins j'éprouve des sensations, mon cœur est violemment agité... Je ne suis plus une machine, j'existe de nouveau.

Jusqu'au moment indiqué pour le rendez-vous, je n'ai pas été un quart d'heure sans relire le billet mystérieux; plus je le parcours, plus il me semble impossible qu'il ne vienne pas de Clémence; le lieu du rendez-vous me le ferait croire encore; on me dit d'attendre au bout du boulevart Saint-Antoine, qu'une personne me conduira dans une maison tout près de là; en effet, la rue où demeure Clémence est tout près de là... c'est dans cette rue qu'on me conduira.

Une journée éternelle s'est écoulée. Je

me dirige vers le boulevart que l'on m'a indiqué ; mais il n'est que huit heures, et le rendez-vous est pour neuf, n'importe! je me promènerai en attendant.

Nous sommes en automne, la nuit est venue depuis long-temps. Le temps est beau, mais déjà frais, et dans ce quartier les promeneurs rentrent au déclin du jour. Rien ne me gêne pour arpenter ces boulevarts que des arbres séculaires ombragent encore, jusqu'à ce qu'une nouvelle guerre civile vienne les faire tomber; triste privilége des révolutions qui commencent par détruire!

Il y a bien une heure que je me promène... Je commence à me fatiguer de cet exercice... il y a un banc de pierre à quelques pas de moi... mais je n'ai pas assez de philosophie pour m'y asseoir seul; cependant je crois que c'est ce même banc où je me suis reposé une certaine nuit que je croyais être avec Adèle... Oui... c'était bien là... quand je songe que c'est à Clara que j'adressais mes déclarations... que ce sont ses mains que je pressais tendrement dans les miennes, j'éprouve encore des mouvemens de colère... éloignons-nous de ce banc... il me porterait malheur.

Il est neuf heures sonnées, je me rapproche de la place de la Bastille, j'attends... j'examine avec attention chaque personne qui passe près de moi. Je gage que je viens de faire peur à une vieille servante qui s'avançait de mon côté... En me voyant m'arrêter au milieu du boulevart elle a rebroussé chemin et s'est mise à fuir à toutes jambes. Rien ne ressemble plus à un voleur qu'un homme en bonnes fortunes.

Une autre personne s'avance, c'est une jeune bonne, elle passe près de moi, me regarde, s'arrête et m'aborde enfin.

« Êtes-vous monsieur Arthur?—Oui,
» et j'attendais depuis long-temps.—Ve-
» nez avec moi, monsieur. »

La jeune bonne retourne vers la rue Saint-Antoine, je l'arrête au bout de quelques pas, car je vois que nous nous éloignons de la rue où demeure Clémence.

« Où me conduisez-vous, mademoi-
» selle?— Dans une maison où vous ver-
» rez cette dame qui veut vous parler.
» — Ce n'est donc pas chez elle que nous
» allons?—Chez elle... non monsieur,
» elle n'aurait pas pu vous recevoir chez
» elle.... — Pourquoi cela?... — Mon
» Dieu, monsieur, je ne sais pas... je ne
» puis répondre à vos questions... Tout

» ce que je sais, c'est que je vous con-
» duis dans une maison bien honnête...
» Mais si vous ne voulez pas me sui-
» vre, vous êtes le maître...—Je vous
» suis... »

Je ne comprends pas pourquoi Clémence ne pourrait point me recevoir chez elle, mais je veux avoir l'explication de tout ceci, et je suis la jeune fille sans rien dire de plus.

Ma conductrice est entrée dans la rue Saint-Antoine ; après y avoir fait une centaine de pas, nous nous arrêtons devant une porte d'allée ; elle est ouverte. Cette entrée est bien sombre, mais la jeune bonne me prend la main en me disant : « Je vais vous guider, mon-
» sieur.... »

Nous trouvons bientôt un escalier; on m'engage à prendre la rampe et on monte devant moi, nous nous arrêtons au second. Alors ma conductrice prend une clef qu'elle portait, elle ouvre une porte et nous ne sommes plus dans l'obscurité.

Nous entrons dans une petite salle à manger, meublée modestement, mais assez bien tenue, un flambeau brûle sur une table. La domestique prend le flambeau, et me priant toujours de la suivre me fait traverser une autre pièce, puis m'introduit dans une chambre à coucher, meublée avec un peu plus d'élégance et éclairée par la lueur douce d'une lampe sur laquelle un abat-jour est placé.

« Monsieur, cette dame va venir, » me dit la jeune bonne en me présentant un siége, « veuillez l'attendre un mo- » ment... — J'espère qu'on ne me lais-

» sera pas ici aussi long-temps que sur le
» boulevart... — Oh! non, monsieur...
» Cette dame est arrivée, mais c'est
» qu'elle redonne un coup d'œil à sa toi-
» lette. Ce sera bientôt fait. »

La jeune fille sourit, prend son flambeau et me laisse seul. Je regarde avec curiosité autour de moi, c'est un appartement de femme, j'en suis certain; mais chez qui suis-je?... Je ne sais plus que penser, et je commence à craindre de m'être trompé dans mes conjectures. Je ne puis m'empêcher de sourire en regardant ce lit qui est devant moi... Un rendez-vous dans une chambre à coucher!... il serait difficile de se méprendre sur ce que l'on attend du résultat de l'entretien.

Je m'approche d'une fenêtre, les volets sont fermés, et les rideaux tirés encore par dessus; à coup sûr de la rue on ne doit pas voir de la lumière dans cette chambre. Pourquoi tant de précautions, de mystère, si c'est Clémence qui veut me voir? Depuis qu'elle est séparée d'avec son mari croit-elle devoir mettre plus de circonspection dans ses démarches que lorsqu'elle était avec monsieur Moncarville? ou serait-ce à cause de cet homme que j'ai vu avec elle?... est-ce lui dont elle craint les regards... la jalousie? Ah! si j'étais certain que ce fût là la cause de tout ce mystère, j'ouvrirais ces volets, je me mettrais à cette fenêtre... et lorsqu'elle serait avec moi, je ne la quitterais plus avant que son nouvel amant ne l'ait vue dans mes bras.

Cette idée m'a fait mal... Je me promène avec impatience dans le petit espace où je suis; enfin on ouvre une porte que je n'avais pas aperçue vers le pied du lit. Une femme paraît; mais ce n'est pas Clémence. C'est Adèle! c'est madame de Harleville !

La baronne referme la porte et s'avance vers moi, cherchant dans mes yeux quelle impression me cause sa vue. A son aspect, j'ai été tellement trompé dans mes espérances, tellement fâché de me retrouver avec elle, que sans doute tout cela se peint sur ma physionomie, car Adèle me dit d'un ton chagrin : « Vous ne vous attendiez donc pas à me voir?... » Oh ! non, madame, je vous le jure!...

Un sentiment de dépit se montre sur son visage; elle fait quelques pas dans la chambre, puis va s'asseoir sur une ottomane où elle reste quelques momens d'un air boudeur. Moi, je suis absorbé dans mes réflexions, désolé de ne pas revoir celle avec qui je désirais si ardemment une entrevue, et désolé aussi de me retrouver avec la femme de mon père.

La voix de madame de Harleville me tire de mes réflexions.

« Comment, monsieur, d'après la let-
» tre que vous avez reçue, vous n'aviez
» pas deviné que c'était moi qui dési-
» rais vous voir?—Non, madame, j'étais
» bien loin de le penser! car si je l'avais
» deviné... — Vous ne seriez pas venu à
» ce rendez-vous peut-être ? — C'est
» vrai, madame.—Ce que vous me dites
» là est bien peu galant! — Je ne dois
» plus l'être avec vous, madame. —Vous
» ne devez plus!... eh, mon Dieu! parce
» que j'ai fait un mariage... de raison...
» Il semblerait, à vous entendre, que je

» dois être morte pour le monde, pour
» ses plaisirs ! que mon cœur et mes
» oreilles doivent être fermés à tous pro-
» pos flatteurs!... Ah! monsieur, je n'ai
» jamais pensé que le mariage dût être
» pour une jeune femme la fin de ses
» triomphes dans le monde!... Ce n'est
» pas comme cela que je l'ai envisagé!...
» Mais vous restez debout à une lieue
» de moi... est-ce que vous ne daignerez
» pas vous asseoir un moment pour m'é-
» couter? »

Adèle m'indiquait une place près d'elle sur l'ottomane; mais je me contente de prendre un siége, et je m'assieds en silence à quelques pas d'elle.

Nous restons ainsi pendant quelques minutes l'un devant l'autre sans parler : je tiens mes regards attachés sur le parquet; je veux éviter de rencontrer ceux d'Adèle, non que je redoute encore leur puissance, mais pour lui prouver que je ne les cherche plus.

C'est encore madame de Harleville qui rompt le silence ; sa voix est altérée, et elle semble embarrassée pour s'expliquer.

« Monsieur Arthur... — Madame. — » Vous m'en voulez beaucoup, n'est-ce » pas ? — Non, madame ; je vous assure » que vous vous méprenez sur la cause de » mon silence. — Oh ! si vous êtes tou- » jours irrité contre moi, vous n'avez » pas tort !... je sens que j'ai bien mérité » votre haine... votre colère... ma con- » duite fut indigne... Mais si vous saviez » comment toute cette intrigue fut our- » die... on ne me laissa pas le temps de » la réflexion... Cette Juliette est une » bien méchante femme !... Elle vous

» déteste... elle prétendait que se venger
» de vous était une justice... que toutes
» les femmes devaient se liguer entre
» elles pour vous punir de ce que vous
» lui avez fait... que sais-je!... Moi, je
» suis folle, étourdie, coquette... mais
» je ne suis pas méchante... Malheureu-
» sement ma sœur, qui brûlait du désir
» de vous connaître, trouva délicieux
» le projet de Juliette... Ma sœur a de
» l'esprit... elle écrit très-bien... ses
» lettres vous plurent... ensuite... en
» me voyant... vous m'avez aimée...
» vous en avez eu l'air, du moins... »

Adèle s'arrête ici comme pour voir si je répondrai, mais je ne dis pas un mot ; elle reprend bientôt :

« Moi... je trouvais agréable de me
» laisser faire la cour... J'aurais dû vous
» détromper, vous apprendre que je

» n'étais pas l'auteur de ces lettres qui
» vous avaient charmé d'abord... je ne le
» fis pas... Ensuite... je ne sais ce que
» j'éprouvais alors... cette Juliette vous
» avait peint à mes yeux comme un
» homme si dangereux pour les femmes,
» que je me figurais partager sa haine
» et trouver du plaisir à vous rendre
» mon esclave... Mon esclave!... mon
» Dieu, que j'étais folle!... Votre amour
» pour moi... ne tint pas contre la dé-
» couverte de la vérité... mais cepen-
» dant... puisque je reconnais tous mes
» torts... puisque aujourd'hui je sollicite
» de vous... un pardon généreux... l'en-
» tier oubli de cette intrigue... me gar-
» derez-vous toujours rancune?...

» — Non, madame, non, je vous le
» répète... je vous le jure; si c'est pour
» entendre de moi-même cette assurance

» que vous avez désiré cet entretien, re-
» cevez-la, madame, et croyez à ma sin-
» cérité. J'ai entièrement oublié l'aven-
» ture dont vous venez de me parler; je
» n'en conserve aucun ressentiment con-
» tre vous... vous savoir heureuse, ma-
» dame, est maintenant le seul vœu que
» je forme. En apprenant les nouveaux
» nœuds qui vous engagent, mon cœur
» n'a éprouvé ni dépit, ni colère... et si
» vous pouviez lire au fond de mon ame,
» vous n'y verriez pour vous que le plus
» profond respect, le plus entier dévoû-
» ment. »

Madame de Harleville ne semble pas encore satisfaite de ma réponse; elle balbutie avec agitation :

« Votre profond respect... votre dé-
» voûment... je vous remercie, mon-
» sieur... je vous remercie beaucoup...

» mais en vérité, il semblerait que vous
» parlez à votre grand'tante... »

Je me lève en disant : « Comme je
» pense, madame, avoir détruit tous les
» doutes que vous conserviez sur mon
» ressentiment, je vais prendre congé
» de vous... »

On me retient vivement par le bras,
en me disant d'une voix plus émue :
« Non... restez de grace... j'ai à vous
» parler encore. »

Je me rassieds, mais je suis mal à mon
aise; je tremble... je crains d'écouter
cette femme qui me retient, qui me
supplie; cette femme dont la voix est
devenue touchante, au lieu d'altière
qu'elle était autrefois. En me levant, mes
yeux s'étaient involontairement portés sur elle... j'ai frémi de sa beauté, de
la séduction répandue dans toute sa toi-

lette, dans toute sa personne. Jamais peut-être Adèle ne fut aussi ravissante, et cependant elle n'est point comme je l'ai vue dans le monde, couverte de bijoux, de plumes, de fleurs; elle n'a qu'une simple robe blanche attachée par une ceinture bleue; ses cheveux noirs sont relevés sur sa tête, sans aucun ornement étranger. Mais quelle grace dans cette coiffure!... quelle volupté dans chaque pli de cette robe! et s'il faut alors rencontrer les regards d'Adèle... ses grands yeux bruns dans lesquels se peignent les sentimens les plus vifs et les plus doux, comment rester sans trouble seul auprès d'elle, dans un réduit solitaire où tout semble respirer l'amour.

Heureusement il est un souvenir qui soutiendra toujours mon courage, qui me préservera du péril... j'en suis bien certain, mais je n'en suis pas moins désolé d'être là.

Je suis retombé sur ma chaise après qu'Adèle m'a empêché de m'éloigner; j'y reste les yeux baissés, comme un criminel qui attendrait son arrêt; nous sommes encore fort long-temps sans parler; ce n'est pas moi qui romprai le silence; tout à coup Adèle s'écrie avec emportement : « Mon Dieu !... que le
» cœur d'une femme est bizarre !... com-
» ment peut-il changer à ce point !...
» Arthur... vous m'avez devinée... vous
» savez ce que j'ai à vous dire... mais
» vous n'avez aucune pitié de moi... des
» tourmens que je souffre... vous voulez
» me forcer à un aveu... qu'une femme
» ne devrait point avoir besoin de faire...
» Eh bien ! soyez satisfait !... je vous
» aime, Arthur... oui, je vous aime !.. et

» comme je n'avais jamais aimé!... moi,
» qui d'abord n'avais éprouvé pour vous
» que de l'indifférence!... moi, qui riais
» de vos déclarations, de vos soupirs!...
» qui me croyais bien certaine que ja-
» mais vous ne parviendriez à toucher
» mon cœur... moi que vos assiduités...
» que vos poursuites fatiguaient pres-
» que... je ne sais ce qui s'est passé en
» moi!.. en vous revoyant dans le monde,
» je m'attendais à lire encore dans vos
» yeux de l'amour, de la jalousie... je n'y
» ai plus trouvé que de la froideur, de l'in-
» différence. J'ai cherché à me rappro-
» cher de vous... vous m'avez fui... vous
» avez mis tous vos soins à m'éviter...
» Habituée à vous entendre me dire que
» vous m'aimiez, je n'ai pu supporter le
» calme de vos regards... je me suis sen-
» tie blessée... mon cœur a éprouvé un

» nouveau sentiment... nuit et jour
» vous m'occupiez... Je suis devenue in-
» différente à tout autre hommage....
» ennuyée de ce qui me charmait... je
» n'ai plus pensé qu'à vous... à vous
» seul, Arthur, dont je veux être ai-
» mée... sans qui je ne puis plus vivre...
» pour qui je suis prête à tout sacrifier;
» enfin, ne pouvant plus résister à la pas-
» sion qui me domine, je vous ai écrit,
» je vous ai donné ce rendez-vous... Clara
» m'a prêté son logement... Nous sommes
» ici chez elle... nous y sommes loin de
» tous les regards jaloux... J'espérais que
» vous seriez heureux de vous y trouver
» avec moi... je me trompais... Eh bien,
» êtes-vous satisfait?... êtes-vous assez
» vengé?... Arthur, c'est moi qui vous
» supplie de m'aimer!... »

Je ne puis rendre ce que je souffre

pendant qu'elle parle... Ah! que ne donnerais-je pas pour être loin!.. bien loin de cette femme. Elle s'est levée, elle est venue près de moi; elle m'a pris la main qu'elle serre convulsivement dans les siennes en me répétant :

« Eh bien!... vous ne me répondez
» pas?... de grace, répondez-moi au
» moins!...

» — Madame... si vous pouviez sa-
» voir... ce qui fait en ce moment que
» je ne puis... que je ne dois plus...

» — Vous ne pouvez... vous ne de-
» vez!... je ne vous comprends pas, Ar-
» thur !

» — Madame... il existe un secret
» qu'il m'est défendu de dévoiler à qui
» que ce soit... une barrière insurmon-
» table est désormais élevée entre nous,

» je ne dois plus avoir pour vous que des
» sentimens de respect... de....

» — Ah! c'en est trop!.. croyez-vous
» que je sois votre dupe!... Il existe,
» dites-vous, un secret... et c'est ce se-
» cret qui vous empêche de m'aimer...
» que signifie ce mystère? Parlez, mon-
» sieur; je le veux, je l'exige...

» — Non, madame, il ne m'est pas
» permis de parler... de grace, daignez
» ne plus me voir que comme un ami, et
» croyez que de mon côté...

» — Quelle humiliation!.. il repousse
» mon amour! il me dédaigne! il me mé-
» prise à présent... Arthur, vous voulez
» donc me faire mourir?.. ne suis-je plus
» cette Adèle que vous aimiez tant...
» que vous juriez d'adorer toujours... à
» laquelle vous demandiez avec tant
» d'instance un rendez-vous?... Eh bien,

» regardez-moi donc, monsieur... cette
» fois, c'est elle... c'est bien elle qui est
» près de vous!... »

Je repousse doucement une main qui s'appuie sur mon bras... Je veux fuir, m'éloigner... Adèle m'enlace, me retient encore... En ce moment, un bruit violent se fait entendre; il semble que l'on ait forcé une porte... Adèle reste saisie d'effroi, moi je prête l'oreille.

On parle avec force dans une pièce voisine... on semble se disputer... je cherche à mieux entendre. Tout à coup Adèle s'écrie :

» Je suis perdue!... C'est mon ma-
» ri... — Monsieur de Harleville... ah!
» s'il me trouve avec vous... ah! ma-
» dame, qu'avez-vous fait?... — Il m'aura
» fait suivre... épier... Que devenir?...
» Si vous pouviez vous cacher!... — Me

» cacher!.. devant le baron... — Je vous
» en supplie, monsieur... vous ne vou-
» driez pas me perdre!... — Mais, ma-
» dame... — Tenez... derrière ce lit...
» caché par ces draperies... allez...
» vite... »

Adèle me pousse contre la ruelle du lit, me fait glisser entre le mur et les rideaux; à peine suis-je là, que la porte par laquelle je suis entré est ouverte avec violence, et le baron de Harleville pénètre dans la pièce où nous sommes.

CHAPITRE VII.

SÉJOUR A BOISSY-SAINT-LÉGER.

Mon père est entré en poussant la porte avec violence, la fureur se peint sur son visage; cependant, en n'apercevant qu'Adèle dans la chambre, il s'arrête et semble surpris. Mais ses regards se promènent avec défiance par tout l'appartement.

« Mon Dieu! qu'est-ce donc, mon-
» sieur? » dit Adèle en tâchant de paraître calme; « que signifient ce bruit, ces
» menaces que j'ai entendus... à qui en
» avez-vous?... et ne puis-je venir voir
» ma sœur sans que cela excite ainsi votre
» courroux?

» — Votre sœur!... votre sœur!... »
murmure le baron d'une voix altérée.
« Oui... je sais bien que vous êtes ici
» chez votre sœur... mais ce soir, quand
» je vous ai proposé de sortir avec moi,
» de m'accompagner au spectacle ou en
» société, vous m'avez refusé; vous étiez
» fort indisposée à ce que vous m'avez
» dit; vous ne pouviez quitter votre
» chambre... et après mon départ vous
» êtes sortie cependant!

» — Eh bien! monsieur, qu'y a-t-il
» là d'extraordinaire? est-ce qu'une
» femme ne peut pas changer d'avis...
» avoir des fantaisies, des caprices?...
» moi j'en ai beaucoup, monsieur, et je
» n'ai point cherché à vous le cacher
» lorsque vous m'avez demandé ma main.
» Je vous ai dit aussi que je haïssais la
» jalousie, que je ne voulais pas être es-
» pionnée... suivie... Vous en souvenez-
» vous, monsieur?

» — Oui, madame, mais moi je ne
» veux pas être trompé!... Depuis quel-
» que temps votre conduite me paraît
» singulière... Il est plus d'une circon-
» stance qui m'a frappé... et, quoique
» je ne vous en aie rien dit, j'ai tout ob-
» servé... enfin, madame, si vous êtes
» venue ici pour voir votre sœur où donc

» est-elle?.. si elle est absente, que faites-
» vous seule chez elle!

» — Je l'attends, monsieur; on m'a
» dit qu'elle rentrerait... rien ne me
» pressait!

» — Et pourquoi êtes-vous sortie
» seule, le soir, sans votre femme
» de chambre... sans aucun de vos
» gens?... pourquoi, lorsque je veux pé-
» nétrer ici, me refuse-t-on la porte, me
» dit-on qu'on ne vous a point vue?...
» Cette domestique avait le mot sans
» doute!... oh! tout cela n'est pas na-
» turel... vous aviez un rendez-vous en
» ces lieux... votre sœur vous prête son
» logement!... c'est une personne com-
» plaisante!... Mais, morbleu! je saurai
» s'il y avait un homme ici!... et qu'il
» tremble! sa vie me fera raison de son of-
» fense!

» — Ah! c'en est trop, monsieur, je
» ne puis supporter de pareils outrages...
» votre conduite est indigne... Après si
» peu de temps de mariage, me soup-
» çonner... me tyranniser!... suis-je assez
» à plaindre!... quel avenir me préparez-
» vous!... Mais je ne supporterai pas plus
» long-temps vos fureurs, votre jalousie...
» Je vous quitterai, monsieur ; oui, dès
» demain je me retirerai au fond d'une
» retraite, où je serai peut-être maîtresse
» d'agir, de penser, de marcher quand
» cela me conviendra : mais je ne reste-
» rai pas avec un homme qui fait mon
» malheur, qui se crée sans cesse des
» chimères, et qui paie l'amour que j'a-
» vais pour lui par la plus affreuse mé-
» fiance. »

En achevant ces paroles, Adèle a
porté son mouchoir sur ses yeux. Je

crois même entendre ses sanglots, le baron est troublé, ému, comme tout homme qui voit pleurer une femme qu'il aime. Il ne sait plus que penser; il se rapproche de sa femme en balbutiant quelques mots que l'on entend à peine. Adèle se lève en disant :

« Partons, monsieur; il est inutile que
» nous attendions ma sœur plus long-
» temps; je ne veux pas d'ailleurs qu'elle
» voie les pleurs que vous me faites
» verser. »

M. de Harleville présente la main à Adèle, et va sortir avec elle, lorsque ses yeux se portent sur un gant qui est au pied d'une chaise : ce gant m'appartient; mais, en me cachant, je n'ai pas eu le temps de le chercher.

« Il y a un homme ici ! » s'écrie le baron avec l'accent de la fureur, et en ramassant le gant qu'il présente à sa femme.

« Ce gant n'est pas le vôtre, madame!...
» Ah! vous ne savez plus que dire!... vous
» êtes confondue !... Mais où est-il donc
» celui pour qui vous venez mystérieu-
» sement chez votre sœur!... il a beau se
» cacher... je le trouverai. »

Et le baron parcourait la chambre, tapant avec sa canne dessous et sur les meubles, contre les boiseries, arrachant avec violence les rideaux de la croisée. Il s'approchait du lit; je ne juge pas convenable d'attendre qu'il m'y trouve blotti comme un coupable; j'écarte moi-même les draperies qui me dérobaient à ses yeux, et je m'avance vers lui en disant d'un ton calme :

« Ne cherchez pas davantage, monsieur
» le baron; si madame ne m'en avait pas

» prié je n'aurais pas évité vos regards,
» car je n'ai rien fait pour les craindre. »

En me voyant, mon père est demeuré comme frappé de la foudre; mais au bout d'un moment il s'écrie avec plus d'emportement encore : « Mes soupçons » étaient fondés !... c'est lui qu'elle » aime !... lui... qu'elle cherchait en tous » lieux !... qu'elle voit en secret !... misé- » rable ! et tu oses soutenir mes re- » gards !... »

Le baron a levé sa canne sur moi; je reste immobile ne faisant aucun mouvement ni pour fuir, ni pour me défendre. Adèle se précipite entre son époux et moi en poussant un grand cri.

« Fuyez... fuyez de ma présence !... » reprend le baron d'une voix entrecoupée. « Mais que ce soit la dernière fois » que vous vous présentiez devant moi !...

» Rappelez-vous cet ordre; n'affrontez
» plus mon courroux... car je sens que
» je ne pourrais plus en être le maître. »

Mon père me montrait du doigt la porte; Adèle me poussait pour me faire sortir ; je sens qu'il est inutile de résister... que pourrais-je dire d'ailleurs!... les apparences sont contre moi, et le baron est trop irrité pour vouloir m'entendre. Je m'éloigne, mais le désespoir dans l'ame, car cette scène terrible va me faire passer aux yeux de mon père pour le plus vil des hommes; et n'était-ce donc pas assez d'être privé de son amitié sans être encore pour lui un objet de mépris et d'aversion !

Je me retrouve chez moi; je ne sais comment j'y suis revenu, ni quel chemin j'ai pris, ma tête est bouleversée par ce qui vient de m'arriver. Je n'ai plus qu'une pensée, qu'une idée qui se représente sans cesse à mon imagination : si cette femme trouvait encore moyen de me voir... de me parler en secret!... et elle est capable de le vouloir; les obstacles ne sont rien pour une femme de ce caractère. Elle ignore toujours les liens qui m'unissent à son époux; et, malgré tout ce qui vient de se passer, je gagerais que le baron ne lui aura point appris ce mystère; il faut donc la fuir... il faut m'éloigner pendant quelque temps. Lorsque son caprice sera passé, lorsqu'elle m'aura oublié, je reviendrai à Paris; mais en ce moment je crois-qui j'irais au bout du monde pour éviter la rencontre de la baronne de Harleville.

Dès le lendemain je fais à la hâte mes préparatifs de départ; je ne sais pas encore où j'irai, mais n'importe, le principal est que je quitte Paris.

Ah! je me rappelle maintenant que Darbois a une tante qui habite Boissy-Saint-Léger; c'est bien près de Paris, mais je puis y vivre tout aussi solitaire que si j'étais à deux cents lieues de la capitale. J'ai déjà été une fois avec Darbois passer deux journées chez sa tante. C'est une très-bonne dame qui m'a parfaitement reçu, et beaucoup engagé à venir dans la belle saison passer quelque temps chez elle. La saison est un peu avancée, n'importe, je travaillerai; c'est bien décidé, je vais me cacher à Boissy-Saint-Léger.

Je fais descendre une malle contenant des effets, et je la fais porter chez Darbois; mon portier me demande où je vais.

« A la campagne. — Je comprends; » mais à quelle campagne? — Je ne me

» soucie pas qu'on vienne m'y déranger;
» ainsi, dans le cas où l'on vous deman-
» derait où je suis, vous répondriez que
» vous ne le savez pas. — Je le répon-
» drai d'autant mieux que monsieur ne
» me le dit pas. — Cela vous épargnera
» la peine de garder un secret. — Pour-
» tant s'il vient des lettres pour mon-
» sieur... — Darbois passera quelquefois
» par ici, et je vous autorise à lui re-
» mettre tout ce qu'on apportera pour
» moi. — Ah! c'est à M. Darbois
» que... »

Je n'en écoute pas plus; je pars, laissant mon portier et sa femme très-mé-
contens de ma discrétion.

Je cours chez Darbois, et je me hâte
de lui demander s'il pense que je puis
sans indiscrétion aller passer un, deux,
et peut-être trois mois chez sa tante.

Darbois me regarde d'un air surpris et s'écrie :

« Trois mois chez ma tante!.. chez la
» respectable madame Dubinet!.. est-ce
» que tu as envie de devenir mon oncle?
» — Non... j'ai tout bonnement envie
» d'aller travailler et passer quelque
» temps à la campagne!...
» — Tu t'y prends un peu tard! —
» Enfin, mon cher ami, j'ai des raisons
» pour quitter Paris... pour me tenir
» quelques mois dans la retraite... —
» Est-ce que tu es proscrit?... est-ce que
» tu conspires?... nous ferons un drame-
» vaudeville sur ta position... trois ac-
» tes... avec deux couplets dans chaque
» acte ; c'est assez maintenant pour un
» vaudeville. — Non, je ne suis pas pour-
» suivi, mais j'ai cependant des raisons
» pour me cacher. — Alors ce sera plus

» gai, nous ferons une comédie-vaude-
» ville sur toi, avec trois couplets à cha-
» que acte. — Darbois, tu es bien ter-
» rible avec tes plans!... — Je ne con-
» nais que mon théâtre... mon bon petit
» théâtre! je vois des sujets de pièces
» dans la moindre chose. Un homme
» qu'on pousse dans la rue et auquel on
» fait tomber son chapeau, sujet de
» pièce ; une jeune fille que l'on suit
» parce qu'elle est jolie, qu'elle a les
» yeux gros, le nez rouge, ce qui fait
» penser qu'elle éprouve un grand cha-
» grin, tandis quelle est tout simplement
» enrhumée du cerveau, sujet de pièce;
» une dame qui en se retroussant laisse
» voir ses mollets et quelquefois la cou-
» leur de sa jarretière, sujet de pièce ;
» un jobard qui ramasse avec joie un pa-
» pier plié en quatre, qui le fourre dans

» sa poche, double le pas et entre furti-
» vement dans une allée pour y déve-
» lopper sa trouvaille, qui se trouve
» n'être qu'un prospectus de vente au
» rabais pour cause de cessation de com-
» merce... toujours sujet de pièce; avec
» des couplets, des mots heureux et
» quelques détails locaux, ça fait un
» charmant petit tableau de mœurs; il
» n'y a que les dénoûmens que j'ai plus
» de peine à trouver.

» — Darbois, as-tu fini? — Oh! si je
» voulais, je te donnerais bien d'autres
» sujets de pièces... mais j'aimerais mieux
» retrouver ton jeune ami, qui va se
» baigner à l'île Saint-Denis, pendant
» que sa maîtresse y mange une fri-
» ture... c'est celui-là qui est un garçon
» précieux!... il y a dix pièces à faire sur
» lui... je gage qu'il est plus amoureux

» que jamais de sa Juliette... est-il remis
» avec elle ?...

» — Darbois, tu ne veux pas m'écou-
» ter?... adieu, alors. — Mais si... si ; je
» t'écoute... Voyons, est-ce que c'est
» vraiment une affaire sérieuse qui te
» force à quitter Paris... as-tu besoin
» d'argent?... je vais en emprunter pour
» toi... — Non, mais je te le répète, j'ai
» besoin de vivre pendant quelque temps
» éloigné du monde, à l'abri des pour-
» suites d'une personne... que je ne veux
» pas revoir. — Je comprends... une
» femme qui t'aime trop... qui croit
» qu'une liaison galante doit durer toute
» la vie... qui te ferait un procès au cri-
» minel pour t'obliger à l'adorer !... —
» Chez ta tante, madame Dubinet, je
» pense qu'on ne voit pas grand monde?
» — Un chat, deux chiens, une ser-

» vante, des lapins, un vieux voisin et
» des poules : voilà la société habituelle
» de ma tante. — C'est tout ce que je
» désire, le monde m'ennuie... me dé-
» plaît... — Tu feras un petit misan-
» thrope de village fort gentil... — Les
» femmes ne me causent que des peines...
» que des tourmens... — C'est dommage
» qu'on ait fait le vaudeville de *Haine*
» *aux femmes*... comme tu aurais traité
» cela ! — Enfin, il me semble que je vais
» être le plus heureux des hommes, en
» me promenant seul dans les bois... —
» Tu auras justement ceux de Gros-Bois,
» et les Camaldules tout près de toi. —
» Tu auras la complaisance de passer
» quelquefois chez moi, demander à mon
» portier s'il y a des lettres. — C'est
» convenu, et je te les porterai, car j'i-
» rai te voir... travailler avec toi... ça te

» fera-t-il plaisir? — Assurément! mais
» je gage d'avance que tu ne viendras
» pas. — Si fait!... Je ne veux pas aller
» me cacher dans un village, mais j'irai
» volontiers passer un jour chez ma
» tante. La domestique fait très-bien les
» gâteaux au riz... et je les aime passion-
» nément. — A propos... penses-tu que
» cela ne déplaira pas à ta tante, de
» me voir arriver inopinément pour
» m'installer chez elle... — Bien au con-
» traire, tu ne saurais lui faire un plus
» grand plaisir. Madame Dubinet est folle
» des auteurs, de poètes... elle se per-
» suade qu'ils ne sont pas faits comme les
» autres hommes... Pauvre chère femme!
» elle se trompe bien... mais il faut la
» laisser dans son erreur ; avec cela, que
» tu caresses son chat, que tu flattes ses
» chiens, et tu seras un homme char-

» mant.—C'est bien facile. Adieu donc...
» je vais chez ta tante. — Beaucoup de
» plaisir. »

Je monte en fiacre avec ma valise, je me fais conduire aux voitures de Boissy-Saint-Léger, et, sur le midi, j'arrive chez la bonne madame Dubinet.

La tante de Darbois est le type des bonnes femmes, sans pour cela être une bête; elle habite une assez belle maison, où il y aurait de quoi loger deux familles, et où elle vit seule avec sa domestique et une grande quantité d'animaux ; mais elle est bien aise d'avoir plusieurs chambres d'amis toutes prêtes pour recevoir ceux qui voudraient venir lui tenir compagnie. Comme la bonne dame n'est plus ni jeune, ni jolie; comme sa table, quoique très-suffisante, n'est pas servie avec luxe et profusion ; comme enfin il n'y a point de billard dans la maison, ses chambres d'amis sont presque toujours vides.

Madame Dubinet me reçoit avec joie, et lorsque je lui demande si je ne la gênerai point en restant quelque temps chez elle, sa joie semble augmenter encore, puis elle me dit en secouant la tête : « Vous m'annoncez que vous resterez
» long-temps avec moi, mais vous ferez
» comme les autres ; comme mon neveu,
» au bout de quelques jours vous vous
» ennuierez et vous voudrez partir. —
» Non, madame, car je suis venu ici
» pour être loin du monde et pour tra-
» vailler. — A la bonne heure, nous
» verrons si cette belle résolution tien-
» dra. »

Me voilà donc installé chez madame Dubinet, où l'on mène une vie bien calme, bien douce, bien uniforme, où le plus simple événement, une poule qui pond, un oiseau qui chante, un fruit qui tombe, sont pour deux heures un sujet de conversation; où l'on fait le jour ce qu'on a fait la veille et ce qu'on fera le lendemain; mais en ce moment cette vie me semble délicieuse; madame de Harleville m'a fait prendre Paris en horreur.

Et puis il y a aussi une autre femme que j'aime encore, que je ne puis entièrement oublier; celle que je croyais trouver au dernier rendez-vous que l'on m'a donné, et pour laquelle il m'est cruel de voir que je ne suis plus rien! Clémence en aime un autre, et je serais désolé maintenant de la rencontrer, de la revoir encore avec cet homme qui me remplace... que peut-être elle aime plus qu'elle ne m'a jamais aimé.

Ces pensées m'attristent souvent, et alors je ne puis travailler, je sors, je vais me promener dans les environs. Quelquefois je pousse mes excursions jusqu'à Sucy, dont le parc est charmant, ou je m'enfonce sous les ombrages de Gros-Bois, et je vais jusqu'aux ruines des Camaldules. Dans ma promenade solitaire, je pense souvent à la dernière aventure qui m'est arrivée. Je crois voir encore mon père levant le bras pour me frapper, et ne s'arrêtant qu'en m'ordonnant de fuir sa présence, qu'en me défendant de jamais reparaître devant lui.

Lorsqu'on ne se sent pas coupable, lorsqu'on n'a jamais manqué de respect, ni même d'affection pour l'auteur de ses jours, il est cruel d'être ainsi banni de sa présence. Que maintenant le baron de Harleville croie que j'aime sa femme...

l'apparence a pu le tromper; mais avant cette soirée fatale mon père me détestait déjà... D'où peut venir cette aversion pour son fils?.... Parce que j'ai voulu écrire, m'ordonner de ne plus porter son nom!... Il y a là-dessous un mystère que je voudrais bien connaître..... Mais ce n'est pas avec un homme comme le baron de Harleville que l'on ose demander des explications.

Lorsque je reviens à Boissy-Saint-Léger, ma bonne hôtesse me demande si j'ai beaucoup travaillé, elle me fait promettre de lui lire ce que je ferai, car elle aime beaucoup le théâtre, quoiqu'elle n'y ait pas été dix fois dans sa vie: c'est comme ces personnes qui adorent la musique et n'en savent pas une note.

La société qui vient chez madame Dubinet ne se compose, à ma connaissance, que d'un vieux voisin très-sourd et de deux vieilles filles qui ont chacune un catarrhe. Le vieux voisin parle si bas qu'on n'entend pas la moitié de ce qu'il dit, mais toutes les fois que les vieilles filles toussent, il se met en colère, en disant : « Je vous entends bien ! ne criez pas si » haut. »

Je passe le soir une heure ou deux dans cette société, la plupart du temps je n'entends pas ce que l'on y dit, parce que je suis toujours enfoncé dans mes souvenirs. Les bonnes gens qui m'entourent ont la bonté de croire que ce sont mes travaux littéraires qui m'absorbent, et lorsque je réponds tout de travers à ce qu'ils me disent, ils se regardent et sourient en se disant : « C'est que » probablement il rêve à un chapitre ou » à une scène ! »

On voit que la vie que je mène n'est

pas bien gaie ; cependant elle ne me déplaît pas. L'amour d'Adèle, cet amour que j'ai désiré un moment, et que maintenant je redoute comme le plus grand des malheurs, me fait toujours aimer la retraite; l'oubli de Clémence, son inconstance, que je ne puis lui pardonner, me rendent aussi misanthrope, et je ne me sens pas le courage de retourner à Paris, de peur d'y rencontrer la femme qui m'aime et celle qui ne m'aime plus.

CHAPITRE VIII.

AVENTURE SINGULIÈRE.

Le village de Boissy-Saint-Léger est situé sur un coteau, d'où il s'ensuit que la plupart des rues montent ou descendent : ce qui n'empêche pas qu'il n'y ait de fort jolies maisons bourgeoises. Les environs de Boissy sont variés et pittoresques; il y a des champs, des bois, des routes, des vignes, une grande quantité d'autres villages, et le château de Gros-Bois, dont le parc est d'autant plus agréable qu'on n'y rencontre que fort peu de monde.

Il y a quinze jours que je suis chez madame Dubinet, Darbois n'est pas venu m'y voir une seule fois; mais je ne l'ai jamais attendu. Un peu plus calme d'esprit que lorsque je suis arrivé dans ce village, je m'occupe du plan d'un nouvel ouvrage que je veux commencer et peut-être finir chez la bonne tante de Darbois. Tous les matins, après le déjeuner, je sors et vais en me promenant rêver au travail que je veux entreprendre.

Un matin, après avoir marché pendant assez long-temps, je me trouve dans les bois, je ne sais trop de quel côté, mais je pense être dans les environs du château de Gros-Bois. Le temps est magnifique : c'est une belle journée d'automne. Les arbres ont ces teintes variées, ces feuilles nuancées qui séduisent tant les peintres, lesquels par cette raison nous font si souvent un tableau d'automne et si rarement une vue de printemps.

Je vais m'asseoir à quelques pas d'un sentier, sur une herbe qui me semble encore épaisse et douce; et de là mes regards plongent assez loin dans la route du bois que je viens de parcourir.

Il y a quelque temps que je me repose. Personne encore n'a passé près de moi et n'a troublé la solitude que je goûte. Pauvres amans, qui, dans l'espoir de jouir du plaisir d'un doux tête-à-tête, allez au bois de Boulogne, à Vincennes ou à Romainville, à chaque instant quelques promeneurs curieux viennent troubler votre bonheur ; allez donc jusqu'à Gros-Bois, jusqu'à Brunoy, jusqu'à Sucy, enfoncez-vous dans ces bois épais et frais que les citadins viennent rarement visiter : c'est là que vous serez vraiment en tête-à-tête, que pour témoins de vos doux regards, de vos baisers vous n'aurez que le gazon, le feuillage et des oiseaux.

Deux personnes que je vois venir de loin dans le sentier attirent mes regards et captivent bientôt toute mon attention. Ce sont deux hommes, ils marchent lentement; ils ont l'air de parler avec action et s'arrêtent souvent en parlant.

Ces deux hommes s'avancent pourtant, mais ils ne doivent pas me voir, car je suis assis hors du sentier et caché par un gros buisson qui ne m'empêche pas cependant de voir tous leurs mouvemens.

Si nous étions dans un bois cité comme dangereux, il y a un de ces hommes dont la tournure pourrait me donner quelques craintes; il a une vieille redingote blanchâtre qui, par son ampleur, ne semble pas avoir été faite pour lui, et qui est en plusieurs endroits déchirée ou mal reprisée; il porte une mauvaise casquette de loutre qui est enfoncée sur ses yeux, et pour cravate un mouchoir rouge roulé en corde qui ne laisse pas apercevoir l'apparence d'une chemise. Cet homme fume tout en marchant, et s'arrête régulièrement après avoir fait vingt pas pour ôter sa pipe de sa bouche et cracher.

L'autre homme est un peu mieux couvert, mais sa tournure est encore assez équivoque; il a un pantalon noisette sale à sous-pieds, un habit bleu râpé, boutonné jusqu'au menton, terminé par un collet de velours tout taché, une cravate noire et un mauvais chapeau rond, mis en tapageur sur le côté.

A peine ai-je examiné sa figure que je reconnais en lui l'homme aux entreprises de rivières portatives, M. Théodore, l'ami d'Adolphe, qui ne me semble pas avoir fait fortune depuis qu'il s'est sauvé de l'île Saint-Denis avec la serviette du traiteur.

Monsieur Théodore a laissé croître ses cheveux à l'enfant, et repousse à chaque instant derrière ses oreilles des boucles obstinées qui reviennent flotter sur ses joues. Il fume un cigarre, et, tout en se dandinant suivant son habitude, semble prêter beaucoup d'attention à ce que lui dit son compagnon.

Ayant reconnu Théodore, je regarde plus attentivement l'homme qui est avec lui; malgré sa barbe longue, ses gros favoris et sa casquette rabattue sur son visage, il me semble que ses traits ne me sont pas inconnus. Mais je ne puis me rappeler où je les ai vus, lorsque ces messieurs arrivant plus près de moi, j'entends prononcer le nom de Salomon. J'y suis maintenant ; l'individu à la redingote blanchâtre est monsieur Salomon, que j'ai vu une fois au café, et reconnu la nuit où je me suis promené sur les boulevarts. Voilà une singulière rencontre... après tout, ces messieurs peuvent aimer comme moi à se promener dans les bois.

Ils s'arrêtent à une dizaine de pas de

moi, et j'entends la voix de Théodore :

« Pourvu que Follard ne manque pas
» au rendez-vous... il est si flâneur le
» beau marquis!..

» — Eh non! il ne manquera pas... il
» a trop d'intérêt à venir... les eaux
» sont basses chez lui comme chez nous...
» Sacré tabac... ils n'ont rien de bon
» dans ce pays-ci...

» — Veux-tu un cigarre... j'en ai en-
» core trois... — Ah! ouais! va te faire
» fiche avec tes cigarres... c'est bon pour
» des musqués dans ton genre...

» — Musqué!... tu es bien honnête...
» c'était bien quand Juliette me faisait
» présent d'huile antique aux dépens de
» ce jobard d'Adolphe Désigny... Oh!
» c'est celui-là qui est un jobard de pre-
» mière force!....

» — Je crois que les amis m'ont chan-

» gé ma pipe hier au soir pendant que je
» jouais une poule pour les Polonais...
» la mienne était mieux culotée que
» ça...

» — Allons! te voilà toujours gro-
» gnant pour ta pipe!.. il est monomane
» de sa pipe cet être-là!..

» — Eh ben, je suis comme ça... tant
» pis... je suis bête, c'est possible ; mais
» enfin je suis comme ça... c'est fini!..

» — Sais-tu que je commence à me
» lasser d'arpenter le bois... je n'aime
» pas marcher à pied, moi... je suis né
» pour une voiture....

» — Asseyons-nous... on ne paie pas
» les chaises ici. »

Ces messieurs se jettent sur l'herbe, au bord du sentier, à six pas de moi tout au plus. J'avais eu d'abord l'intention de m'éloigner, mais ce qu'ils ont dit de

Follard a piqué ma curiosité; je ne bouge pas de ma place ; j'entendrai toute leur conversation, car bien certainement ils se croient seuls. S'ils venaient à me découvrir je serais censé m'être endormi là; mais je ne sais quoi me dit que je dois profiter du hasard qui les a conduits près de moi, et que je ferai bien de les écouter.

» Quelle heure est-il à présent, Théo-
» dore? — Est-ce que tu crois que j'ai la
» prétention de porter une montre sur
» moi?.. donne-moi du feu... je m'é-
» teins... — A quelle heure Follard at-
» tend-il sa cousine à Gros-Bois?... — A
» quelle heure!.. est-ce que je sais... Je
» t'ai dit hier : Follard va demain à
» Gros-Bois pour voir encore une fois sa
» cousine avant qu'elle ne parte... Le
» mari de la jeune femme est, à ce qu'il

» paraît, jaloux comme un vieil ours...
» il croit que sa femme a des intrigues à
» Paris... il n'a peut-être pas tort... il pa-
» raîtrait même qu'il a surpris la susdite
» dame dans un rendez-vous sentimen-
» tal...

» — Sacrédié ! elle était mieux culotée
» que ça, j'en suis sûr...

» — Est-ce de la cousine de Follard
» que tu parles... — Non, c'est de ma
» pipe. — Salomon tu es bigrement en-
» nuyeux avec ta pipe... — Va tou-
» jours... je t'écoute... fichu tabac !.. il
» sent le foin ! — Donc que le mari part
» de Paris avec sa femme... il l'emmène
» on ne sait où... il ne l'a pas même dit
» à Follard, dont il a l'air à présent
» d'être jaloux aussi... ou plutôt je pense
» qu'il lui en veut, parce qu'il a décou-
» vert que le brillant Follard n'est pas

» plus marquis que moi... c'est un titre
» qu'il s'est donné d'amitié... M'écoutes-
» tu, Salomon?.. — Oui... oui... va tou-
» jours... Sacré tabac!... — Ce baron de
» Harleville veut donc voyager?... aller
» courir le monde avec sa femme... Il
» paraîtrait que son intention n'est pas
» de revenir de long-temps à Paris, puis-
» qu'il a réalisé une partie de sa fortune
» qu'il emporte dans son portefeuille...
» — On est sûr de ça?... —Très-sûr. -
» C'est que c'est le nœud gordien de la
» chose... — Ah! oui... il faut flouer
» le baron... mais ce ne sera pas facile.
» — Bah!... avec des talens et une vo-
» lonté bien prononcée on mangerait
» des pavés!... — Je sais bien... mais il
» ne faut pas compter sur Follard... il
» n'a pas de caractère... — Nous en au-
» rons pour lui... Fichu tabac!.. »

Je remercie le ciel qui m'a permis d'entendre la conversation de ces deux hommes. Autant que je puis en juger, Théodore et Salomon sont des misérables qui ont d'infâmes desseins, et c'est mon père qui doit en être victime... Ah! que j'ai bien fait de ne pas me montrer! Maintenant je n'ose faire un mouvement de crainte d'être découvert, car alors je ne saurais plus rien ; je tends le cou, et je redouble d'attention ; mais je m'étends entièrement sur la terre afin de tenir moins de place et de courir moins de risque d'être aperçu.

« Avec tout ça, Salomon, je sens à mon
» estomac qu'il est bien l'heure de dé-
» jeuner... — Il doit être aux environs
» de onze heures.... — As-tu quelques
» espèces encore ? — J'ai seize sous à ton
» service ! — Nous ferions un triste dé-

» jeuner avec ça !... Ce Follard ne vient
» pas... Voyons, Salomon, comment fe-
» rons-nous pour terminer proprement
» notre affaire... Nous voulons le porte-
» feuille du mari de la cousine; c'est très-
» bien, mais vouloir et avoir c'est deux...
» — Sois donc tranquille... Il y a mille
» manières... — D'abord il ne faut pas
» que la femme voie rien... Elle ne vou-
» drait pas que d'autres qu'elle se char-
» geassent du soin de mettre à sec son
» mari... C'est bon... Elle ne verra
» rien... ne saura rien... — Mais ton
» moyen..... — C'est simple comme une
» soupe à l'ognon. Follard, dès que le
» baron sera arrivé à l'auberge... au re-
» lais de poste... où il descendra enfin,
» Follard ira trouver le baron, et le
» priera de lui accorder un entretien...
» de venir faire avec lui un tour dans le

» bois, pour lui parler de ses affaires...
» — Après ? — Le baron ne fera aucune
» difficulté... quoiqu'un peu jaloux de
» Follard, il est encore fort obligeant
» pour lui. — Après ? — Follard emmène
» l'estimable baron promener dans le
» bois... par ici.. où il sait que nous
» sommes... — Après ? — Eh bien ! tu
» ne devines pas le reste?...—Ah! écoute,
» Salomon, s'il s'agit d'une violence, je
» n'en suis plus ! je t'en préviens, ne
» compte ni sur moi, ni sur Follard...
» une espièglerie, un tour d'adresse, à
» la bonne heure, c'est mon genre...
» mais attaquer un homme dans un
» bois... et en plein jour encore... fi
» donc... pour qui me prends-tu!...

» — C'est ça, ils veulent bien avoir le
» portefeuille, mais ils n'ont de courage
» à rien... Hum !... fichu tabac !... Toi

» et Follard vous ne valez pas une pipe
» de vingt-cinq sous!... — Salomon, tu
» te perds, mon cher, tu vois mauvaise
» société, ça me fait de la peine pour
» toi! Cherchons un autre moyen... —
» Cherche toi-même, je n'en vois pas
» d'autres... — Un homme s'avance à
» pas précipités... c'est Follard ; courons
» au-devant de lui... »

Déjà Théodore se levait, et je prévoyais avec douleur que je ne pourrais plus entendre leur conversation, mais Salomon retient son compagnon en lui disant :

« Reste donc... cet endroit est com-
» mode pour causer de nos affaires...
» attendons-y Follard. »

Théodore se rassied, et au bout de quelques instans Follard est près d'eux. Ce jeune homme que j'ai vu briller dans les salons et donner le ton et la mode, par le fini et le bon goût de sa toilette, n'a plus que les débris de son ancienne élégance, et sa figure, pâle et fatiguée, trahit aussi le désordre de sa conduite.

« Bonjour, messieurs, » dit Follard en se jetant sur le gazon, « vous m'at-
» tendez depuis long-temps peut-être...
» mais le baron de Harleville et sa femme
» viennent seulement d'arriver à Gros-
» Bois... ils voyagent avec leurs chevaux
» attelés à une bonne berline... ils ne
» s'arrêteront qu'une heure ou deux...
» Je ne me suis pas encore présenté à
» eux... Je suis fort embarrassé... j'ai un
» très-grand besoin d'argent... Adèle
» m'en prêtait volontiers ; mais elle n'en
» a plus... reste à savoir si son mari
» voudra encore m'obliger... Le diable,
» c'est que je lui dois déjà mille écus !...
» Vous m'avez dit que vous m'aideriez à

» sortir d'embarras.... Pardieu! vous
» seriez bien aimables... je n'ai pas
» besoin de vous dire que je serai re-
» connaissant; voyons, messieurs, com-
» ment pourrez-vous m'obliger? »

Théodore et Salomon se regardent en silence ; j'ai un moment l'idée d'aller faire avertir le baron qu'un péril le menace et qu'il doit se hâter de partir; mais le baron croira-t-il cet avis, et si je fais un mouvement, ces hommes m'apercevront, et devinant que je sais leur secret, me laisseront-ils m'éloigner? Je n'ai pas d'arme, rien pour me défendre... je crois qu'il est plus sage de ne pas me montrer.

« C'est embarrassant... c'est fort em-
» barrassant! » dit Théodore en se frottant les mains, « Salomon avait bien
» une idée... mais ça ne t'irait pas...

» Quelle était l'idée de Salomon? —
» Tout bonnement que vous emmeniez le
» baron promener par ici... où je lui de-
» manderais fort honnêtement son porte-
» feuille... — Quelle infamie!... un vol
» à main armée!... Pour qui me prenez-
» vous, messieurs!...

» — C'est ce que j'ai dit! » reprend
Théodore, « ça ne nous va pas du tout!..
» Salomon... plaisante quelquefois!...

» — Si l'on osait attaquer le mari de
» ma cousine... savez-vous bien que je
» le défendrais au contraire!

» — Vous le défendriez! » répond Salomon d'un ton goguenard, « Ah! oui...
» avec une brosse... — Monsieur Salo-
» mon, nous allons nous fâcher... —
» Qu'est-ce que ça me fait... je n'y tiens
» pas... Fichu tabac!... pouah!... »

Il se fait un assez long silence pendant

lequel j'entends seulement Théodore siffler entre ses dents et Salomon cracher.

C'est Follard qui le rompt le premier, et s'écrie en brisant une branche près de lui :

« Voilà pourtant la suite de mes fo-
» lies... de mes débauches... on ne veut
» rien faire que s'amuser... le travail
» ennuie... accepter un emploi nous fait
» horreur... on ne serait plus libre!...
» libre à toute heure du jour... de la
» nuit... mais quand on a tout mangé...
» tout perdu... nos maîtresses nous
» trahissent, nos amis nous abandon-
» nent!...

» —Mon cher Follard, » dit Théodore en ôtant son cigarre de sa bouche, « ce que tu dis là est très-vrai, sans
» doute! mais c'est vieux et connu comme
» des carottes dans le pot au feu! nous

» ne nous sommes pas donné rendez-
» vous ici pour faire un cours de mo-
» rale... d'abord moi ça ne me va pas...
» je suis philosophe!... je n'aime pas la
» morale... et toi, Salomon, tu ne dis
» plus rien?...

» —Que veux-tu que je dise à des
» moutards qui ont peur de tout?.. je
» suis seulement fâché d'avoir quitté
» mon estaminet pour venir ici.... on
» devait jouer une queue d'honneur...
» ça me revenait de droit!... Pouah!...
» quel tabac!...

» —Le temps se passe cependant, et il
» faudrait prendre un parti... Eh bien,
» Follard... à quoi penses-tu?

» —Je cherche... je réfléchis... si le
» baron voulait encore me prêter... —
» Quand il te donnerait un billet de
» mille francs, tu n'irais pas loin avec

» ça... — Oh! non... je dois de tous
» côtés!...—Il doit avoir près de cent
» mille francs sur lui....— Je le pense...

» —Tenez, messieurs, » dit Salomon,
« vous vous faites des monstres d'une
» simple babiole.... quelle était mon in-
» tention ? la voici : Follard amenait le
» baron promener par ici.... vous voyez
» qu'on y est comme chez soi, il n'y
» passe pas un chat. Arrivé de ce côté,
» Follard se donnait une entorse qui
» l'empêchait d'aller plus loin... vous
» comprenez la malice?... Le baron qui
» voit que Follard souffre, veut s'en re-
» tourner bien vite au village, chercher
» du monde pour qu'on emporte le blessé
» sur une chaise ou sur les bras... Com-
» prenez - vous?... — Va toujours... —
» Quand le baron est à cent pas de Fol-
» lard, je l'accoste, et je lui demande l'au-

» mône.... Théodore se tient un peu
» plus loin... un mouchoir sur la figure,
» comme s'il avait mal aux dents..—Très-
» joli!...—Ensuite, pendant que le baron
» fouille dans sa bourse, moi, je fouille
» dans sa poche, je lui escamote son por-
» tefeuille avant qu'il ait le temps de
» se reconnaître, et je suis bien loin avec
» Théodore, tandis que Follard avec son
» entorse fait semblant de boiter pour ve-
» nir à l'aide du baron... Hein !... qu'est-
» ce que vous dites de ça?... Une espiègle-
» rie!... pas la moindre violence... d'ail-
» leurs si vous trouvez mieux, parlez...
» Sacré saloperie de tabac!...»

Salomon se tait, Théodore murmure
entre ses dents... « Il est certain que la
» chose présentée comme cela... n'offre
» plus tant de difficultés... et que...

» — Non messieurs, non ! » s'écrie

Follard en se levant, « c'est toujours un
» vol que vous méditez... et d'ailleurs
» dépouiller entièrement le baron ce n'est
» pas là mon intention... Une trentaine
» de mille francs me suffiraient... Oh!
» décidément je ne veux plus vous
» écouter !...

» — Eh bien! allez vous faire lan-
» laire, monsieur le marquis, et ne dé-
» rangez plus les amis avec vos embar-
» ras... On ne fait pas faire près de cinq
» lieues aux gens pour que cela ne mène
» à rien. »

Follard s'est éloigné de quelques pas,
il va et vient avec agitation dans le sentier.
Ah! si ce jeune homme pouvait persé-
vérer dans sa bonne résolution! il
n'est point encore aussi corrompu que
ces deux misérables qui veulent le
rendre complice d'un vol; mais il est

faible et il veut avoir de l'argent. Je tremble qu'il ne cède; mes yeux le suivent avec anxiété; je renais à l'espoir à chaque pas qu'il fait et qui l'éloigne de Salomon... Je frémis quand je le vois revenir où s'arrêter.

Tout à coup Follard qui était déjà assez éloigné revient précipitamment vers ceux qu'il avait quittés. Le malheureux... il consent peut-être à se déshonorer... Écoutons bien :

« Messieurs... je conçois un projet
» qui peut, ce me semble, tout conci-
» lier...

» — Voyons ça, » dit Théodore, « nous
» ne demandons pas mieux nous autres...

» — Parbleu!.. si ce baron voulait jouer
» son portefeuille à la poule avec moi,
» ça serait plus gentil et bientôt bâclé!...
» j'en réponds!

» —J'amènerai le baron par ici... sous
» le premier prétexte venu... j'en trou-
» verai ensuite un autre pour le quit-
» ter quelques instans... c'est alors que
» Salomon... sans employer la violence,
» trouvera moyen de s'emparer du pré-
» cieux portefeuille... Mais moi j'accour-
» rai aux cris que jettera M. de Har-
» leville... je me mettrai sur les traces
» de son voleur... Salomon m'attendra
» dans ce côté du bois... là-bas dans ce
» fourré... je reprendrai le portefeuille
» et je reviendrai en triomphe le rendre
» au baron, qui n'aura aucun soupçon,
» et me remerciera au contraire comme
» son sauveur... Par exemple le porte-
» feuille ne sera pas intact... on en aura
» déjà enlevé trente mille francs!... ce
» sera un malheur!... mais M. de Har-
» leville s'estimera encore fort heureux

» de n'avoir pas perdu tout. Eh bien! que
» dites-vous de mon projet?... »

Théodore murmure quelques mots et paraît indécis, mais Salomon s'écrie bientôt :

« Superbe ! le projet!... superbe!... je
» l'approuve dans son entier!...

» — Cependant, » reprend Théodore,
« il sera assez singulier qu'on ait déjà
» ôté du portefeuille une partie de la
» somme... et que...—Pourquoi donc..?
» est-ce que je n'ai pas pu déjà partager
» avec toi?... d'ailleurs le baron ne fera
» pas toutes ces réflexions... Allons, Fol-
» lard... hâtez-vous de nous amener le
» voyageur : c'est ici que nous serons...
» vous reconnaîtrez l'endroit?...—Très-
» bien... ensuite vous vous sauverez de
» ce côté... — Oui... et je vous atten-

» drai sous ces gros arbres là-bas... Allez,
» allez... ne laissez pas repartir votre
» homme...— Mais encore une fois, Sa-
» lomon, pas le moindre mal au baron,
» sans quoi...— N'ayez donc pas peur...
» On vous dit qu'il n'y verra que du feu...
» Un tour de gobelet, voilà tout!... —Je
» pars alors et vais me hâter. »

Follard s'éloigne et Salomon dit à Théodore : « Faut-il qu'il soit borné ce
» Follard!... qui pense que je l'atten-
» drai pour me faire reprendre le porte-
» feuille... Ah! ah! le plus souvent!...
» — J'avoue que ça me semblait extra-
» ordinaire de te voir consentir à cela...
» — Nigaud!... tu ne m'avais pas saisi
» non plus, toi?... Nous fuirons tous deux
» avec, et je te promets que le marquis
» n'achètera pas un lorgnon avec ce qu'il
» en aura...— Ma foi! approuvé!... Fol-

» lard est une poule mouillée... je lui
» retire mon amitié. »

J'en ai assez entendu; je me glisse petit à petit en arrière; puis, quand je suis assez loin de ces deux misérables, je me lève et cours, sans rentrer dans le sentier battu, jusqu'au village de Gros-Bois.

J'arrive devant l'auberge où doit être M. de Harleville avec sa femme. J'aperçois dans la cour une berline de voyage, à laquelle on remet les chevaux; je m'arrête, je ne sais encore ce que je dois faire... mais je suis bien résolu à ne pas laisser aller mon père dans le bois avec Follard.

Une servante traverse la cour; je vais à elle.

« Vous avez des voyageurs ici?... —
» Oui, monsieur... une jeune et jolie
» dame avec son mari... un vieux... —

» Où sont-ils à présent? — La dame est
» au premier... le mari était là tout à
» l'heure... ah! il est dans la salle en
» bas... il cause avec un jeune homme
» qui vient d'arriver tout en courant...
» — Est-ce qu'ils ne repartent pas bien-
» tôt?... — Dame, je ne sais pas. »

Je songe que mon père m'a défendu de reparaître devant lui... défendu sous peine d'encourir toute sa colère... N'importe!... je n'ai que ce moyen pour le sauver du piége dans lequel on veut l'entraîner... mais ce moyen me paraît infaillible...

Je me promène avec agitation devant la porte de l'auberge. Enfin on sort de la salle du rez-de-chaussée. C'est mon père et Follard; ce dernier, pâle, tremblant, la figure bouleversée, marche, les yeux baissés, auprès du baron. Ils vont sortir de la maison, lorsque je me présente devant eux, comme ayant l'air de vouloir entrer dans l'auberge.

Follard me regarde et semble seulement surpris de me retrouver là ; mais le baron a pâli ; ses yeux se sont fixés sur moi, la fureur les anime, et je l'entends murmurer :

« Encore !... quelle audace !... il la suit
» partout !... »

Quittant aussitôt Follard et rentrant dans la cour de l'auberge :

« Les chevaux !... vite... vite les
» chevaux !... nous repartons sur-le-
» champ ! » crie le baron à son domesque. « Et vous, la fille, allez prévenir
» madame qu'elle descende... la voiture
» est prête... Allez !... je ne m'arrête pas
» plus long-temps ici... »

Je suis resté devant la porte de l'auberge, d'où je regarde avec joie les préparatifs du départ. Follard, étonné de voir le baron le quitter si brusquement, retourne près de lui en balbutiant :

« Comment!... vous partez si vite?...
» mais vous aviez consenti... à m'accor-
» der un entretien dans... la campagne...
» quel motif vous presse si fort?

» —Oh! je suis fâché de ne plus avoir
» de temps à vous donner, monsieur de
» Follard; mais je vois bien que je ne
» dois pas m'arrêter ici davantage... j'au-
» rais dû même partir plus tôt... j'aurais
» évité une rencontre... L'insolent!...
» après ma défense!... Laissez-moi par-
» tir, Follard, sans quoi il pourrait ar-
» river quelque malheur. »

Adèle vient de descendre; son mari la fait sur-le-champ monter dans la berline; il s'y place près d'elle avant même que les chevaux ne soient entièrement attelés. Enfin tout est terminé, le postillon monte en selle, fait claquer son fouet; la voiture part; Adèle fait un signe d'adieu à Follard, qui est resté dans la cour stupéfait de ce brusque départ, et moi, arrêté à quelques pas de l'auberge, je rencontre de nouveau le regard foudroyant de mon père.

Il s'éloigne encore plus irrité contre moi... mais je n'avais que ce moyen pour le sauver !

CHAPITRE IX.

RÉSULTAT DE L'INCONDUITE.

Lorsque la voiture est éloignée, que le bruit des roues ne parvient même plus jusqu'à nous, je me sens entièrement rassuré, je ne crains pas que Follard et ses amis rejoignent mon père. On ignore où il va, et, comme il voyage avec ses chevaux, il n'y a pas moyen de retrouver ses traces. D'ailleurs ce malheureux jeune homme, qui allait commettre une action si vile, est resté immobile dans la cour de l'auberge; le départ subit de M. de Harleville lui a peut-être fait croire que le baron avait deviné le piége qui l'attendait. Pâle, troublé, il s'est assis sur un banc de pierre; sa tête est retombée sur sa poitrine; il ne semble plus rien voir de ce qui se passe autour de lui. Je viens de lui épargner un crime, des remords éternels... mais le souvenir de cette matinée lui servira-t-il de leçon?... hélas! je ne serai pas toujours là.

Je m'éloigne; je n'ai plus rien qui me retienne dans ce village; mais je remercie le Ciel qui a dirigé mes pas de ce côté, et m'a permis de déjouer l'indigne complot dont mon père aurait été la victime; je me sens heureux et fier de l'avoir sauvé. Qu'importe qu'il me croie encore épris de sa femme? ma conscience me dit que j'ai agi comme je le devais.

Je retourne à Boissy-Saint-Léger, et sans doute ma physionomie exprime la satisfaction intérieure que j'éprouve; car ma bonne hôtesse me dit: « Je gage que » vous avez bien travaillé aujourd'hui, » monsieur Arthur?—Pourquoi cela, » madame?— Parce que vous avez l'air » content de vous.—Je le suis aussi, ma- » dame, et je puis dire comme *Titus*: » Je n'ai pas perdu ma journée!—Ni » moi non plus; car j'ai fait des conser- » ves de tomates. »

Le lendemain, pendant que je déjeune, je m'aperçois que la domestique va et vient dans la chambre d'un air très-affairé, laissant échapper de temps à autre quelques exclamations, comme quelqu'un qui a bien envie qu'on l'interroge et qui brûle de raconter une nouvelle. Je ne tenais pas à connaître l'histoire de la domestique; mais madame Dubinet s'était mise à pousser aussi des hélas somme sa servante. Je pense qu'il serait malhonnête de continuer à n'y pas faire attention, et, laissant le livre que je tenais, je m'adresse à mon hôtesse :

« Vous serait-il survenu quelque acci-
» dent fâcheux, » lui dis-je; « vous parais-
» sez bien attristée?.. — Ah! mon cher
» monsieur Arthur!... ce n'est pas à moi
» qu'il est rien arrivé... mais c'est égal,
» ces choses-là font toujours de la
» peine!... et puis, grace au Ciel, dans ce
» pays, ça ne s'était jamais vu de mon

» temps...—Qu'est-ce donc, madame?
» —C'est Louise qui vient de me conter
» ça, qui l'a su chez l'épicier en achetant
» du poivre tout à l'heure... n'est-ce pas,
» Louise?—Oui, madame : oh! pardi...
» on ne parle que de ça dans tout le vil-
» lage et les environs, ça met tout le
» monde en rumeur.... Il y en a déjà tout
» plein de Boissy qui sont allés à Gros-
» Bois pour mieux connaître la chose.

» — Mais, est-ce que je ne pourrais
» pas aussi connaître la chose?... » dis-
je, un peu impatienté du bavardage de
la servante. « — Comment! est-ce que
» madame n'a pas raconté l'histoire ter-
» rible à monsieur?...—Je ne sais rien.—
» C'est un jeune homme... un beau mon-
» sieur de Paris, à ce qu'on présume, qui
» s'est tué hier à Gros-Bois... — Tué... à
» Gros-Bois... ah! mon Dieu!... serait-

» il possible!... — Oh! c'est un fait cer-
» tain... le garde champêtre l'a vu... —
» Mais où... à quel endroit?... sait-on qui
» était ce jeune homme? — C'est dans le
» village même... à l'auberge... — Ah!
» mon Dieu!... le malheureux!.... — On
» ne sait pas du tout ce qu'il était... on
» n'a trouvé sur lui que ses pistolets...
» mais il paraît qu'avant de faire son
» coup, il a laissé une lettre... — Une
» lettre!... pour qui?... — Ah! pour qui!
» je n'en sais rien!... Le garde champê-
» tre n'a jamais pu retenir le nom... —
» L'infortuné!... ah! si javais pu pré-
» voir... — Comment, monsieur Arthur,
» est-ce que vous croyez connaître ce
» jeune homme?... — Peut-être, ma-
» dame. Hier... en me promenant, je
» suis allé jusqu'à Gros-Bois... j'y ai
» aperçu un jeune homme... que j'ai eu

» occasion de voir quelquefois à Paris...
» et tout me fait craindre que ce ne soit
» lui qui ait mis fin à ses jours...—Ah!
» mon Dieu!... et quels motifs ont pu le
» porter à ce crime!... — L'inconduite,
» l'amour du jeu, des plaisirs... l'hor-
» reur du travail... et ce malheureux
» esprit de vertige qui tourne mainte-
» nant la tête des jeunes gens... ces mes-
» sieurs veulent, à vingt ans, avoir sa-
» vouré toutes les jouissances ; il leur
» faut déjà des orgies, des passions, de
» la renommée; ils se croient de grands
» hommes parce qu'ils ont tourné en ri-
» dicule les affections, les usages, les
» croyances qui étaient respectés de nos
» pères ; puis quand ils n'ont plus les
» moyens de continuer leur existence
» voluptueuse dans laquelle l'amour fi-
» lial, l'amitié fraternelle et les plus
» doux sentimens de la nature n'ont

» point été connus, ils se détruisent, es-
» pérant encore faire parler d'eux et ac-
» quérir, après leur mort, cette célé-
» brité qu'ils ont en vain poursuivie de
» leur vivant. — Serait-il possible, les
» jeunes gens d'aujourd'hui sont aussi
» fous!... et celui que vous connaissez
» était du nombre!... — Peut-être pour
» celui-là est-il plus heureux qu'il ait
» fini ainsi... mais je vais me rendre sur-
» le-champ à Gros-Bois, afin de savoir si
» mes soupçons sont fondés. — Ah! oui,
» allez, monsieur Arthur, tâchez de sa-
» voir des nouvelles... d'apprendre ce
» qui a pu porter ce malheureux jeune
» homme à se livrer à cet acte de déses-
» poir... ce n'est peut-être pas celui que
» vous connaissez... Il faut espérer que
» ce n'est pas celui-là... Vous reviendrez
» nous conter tout ce que vous aurez
» appris? — Oui, madame. »

Je pars, le cœur serré par la nouvelle que je viens d'apprendre : tout me dit que c'est Follard qui a mis fin à ses jours. Il n'avait plus de quoi satisfaire ses désirs, ses folles habitudes. Il voulait de l'argent... il lui en fallait à tout prix... Pour en obtenir le malheureux allait aider à dépouiller un homme qui l'avait obligé plusieurs fois !... en voyant s'évanouir sa coupable espérance, il n'a pas eu le courage de vivre. Si j'avais deviné son dessein, je lui aurais offert ma bourse... mes services.. mais, il m'aurait refusé peut-être. Il y avait encore un reste de fierté dans l'ame de ce jeune homme, qui ne pouvait se décider à commettre une bassesse ; il est fâcheux pour lui qu'il ne soit pas mort un jour plus tôt. Cependant les deux misérables qui l'avaient entraîné à commettre un vol sont bien plus criminels que lui : et je gage que ceux-là n'ont point envie de l'imiter.

Me voici à Gros-Bois ; je me dirige vers l'auberge où mon père s'est arrêté la veille. Je vois beaucoup de paysans rassemblés sur la petite place qui est devant le relais de poste. Ces bonnes gens parlent entre eux, mais à demi-voix, d'un air affligé, et tout consternés encore de l'événement qui est arrivé dans leur village, et qui va faire pendant long-temps le sujet des conversations de leurs veillées.

Mes yeux se portent vers l'auberge; sur le même banc de pierre où la veille j'ai laissé le malheureux Follard, j'aperçois un modeste cercueil; il contient les restes de ce jeune homme que j'ai vu dans le monde si brillant de toilette, d'élégance, de manières !... qui fut pendant quelque temps l'arbitre de la mode, l'oracle des dames, le petit-maître le plus recherché... et qui n'a pas maintenant un ami pour le conduire à sa dernière demeure!

Je m'approche d'une vieille paysanne qui pleure tout en montrant à quelques jeunes filles le banc de pierre de la cour.

« On va donc enterrer ce jeune
» homme, » dis-je à la paysanne.

«— Oui, monsieur; c'est un étranger..
» qu'on ne connaît pas du tout dans le
» pays, et qui s'est tué hier matin ici...
» Pardi! il aurait bien dû choisir un
» autre endroit que notre village pour
» faire c'te vilaine action... ça nous por-
» tera malheur... et à l'auberge donc...
» v'là une maison perdue !... Qui vou-
» lez-vous à présent qui aille se rafraî-
» chir... se divertir là... on croira tou-

» jours y entendre le coup de pistolet...
» et puis voir ce jeune homme!... Oh!
» c'est fini... v'là une maison ruinée !...

» — Le conduit-on à l'église? — A l'é-
» glise ! oh! que nenni !.. un homme qui
» finit comme ça, c'est un renégat,
» comme dit M. le Curé; il ne se sou-
» cie pas qu'on prie le bon Dieu pour
» lui !

» — Vous avez tort de dire ça, mère Lan-
» dry, » dit une autre paysanne qui nous
écoutait, « on doit toujours prier pour les
» morts. Si ce jeune homme a fait une
» faute, ça ne nous regarde pas... c'est
» pus nous qui devons le juger... mais
» c'est ben plus tôt le cas de demander
» là-haut qu'on lui pardonne... Enten-
» dez-vous, mes enfans, vous prierez le
» bon Dieu pour l'étranger.

» Oui, ma mère, » dirent deux jeunes

filles qui écoutaient en silence. « Mais, » dit à son tour un paysan, « c'est ben » drôle qui se soit tué comme ça sans » rien dire... et un homme ben vêtu... » et on lui a trouvé sept francs sur lui... » donc il n'était pas dans le besoin... — » — Ah! dame! c'est queuque désespoir » amoureux... on dit qu'il avait parlé à » un vieux monsieur, qui venait de par- » tir en voiture avec une jeune dame... » — Oh! ben! c'est ça... c'est le père qui » venait d'emmener sa fille, dont sans » doute le jeune homme était amou- » reux... Pauvre garçon! se tuer par » amour... tu n'en ferais pas autant, toi, » Eustache. — Pardi! on se gausserait » de moi, si j'en faisais autant! »

Chaque villageois faisait ses conjectures sur l'événement arrivé à l'auberge, et aucun n'approchait de la vérité. Dans ce moment, le maire dit qu'il était temps d'enlever le cercueil pour le porter au cimetière; mais pas un prêtre n'était auprès du mort, et les paysans, qui ont l'habitude d'offrir leurs bras pour cette triste cérémonie, hésitaient et semblaient craindre de prêter leur assistance à celui que l'Église repoussait de son sein.

Le maire de l'endroit, gros paysan, qui semblait tout aussi embarrassé que les autres, allait et venait devant l'auberge, s'approchait des groupes, causait avec l'un, pérorait avec un autre, et finissait toujours en disant : « Dame !...
» c't'homme... faudrait pourtant se dé-
» cider... c'est ben embarrassant !... moi,
» je suis le maire... c'est juste... mais je
» ne veux pas compromettre mon auto-
» rité !... »

Je passe à travers tous ces villageois,

j'entre dans l'auberge et je m'écrie : « Que
» quelqu'un vienne m'aider, et nous al-
» lons emporter ce jeune homme ! »

Tous les paysans me regardent avec surprise ; je ne sais si mon costume qui n'est pas le leur, si ma voix leur impose, mais aussitôt sept à huit grands gaillards se présentent, et, comme s'ils rougissaient de ce qu'un habitant de la ville vînt leur donner une leçon d'humanité, c'est à qui maintenant s'offrira pour emporter le cercueil.

Je cède aux instances des villageois qui m'engagent à leur laisser cette triste besogne ; mais je les suis, et, soit que mon exemple ait quelque poids sur ces habitans de la campagne, ou qu'ils soient revenus à des sentimens plus charitables, presque toutes les personnes qui étaient rassemblées sur la place suivent comme moi le cercueil du malheureux Follard, dont le convoi est bientôt nombreux, car il se grossit à chaque instant, de femmes, de jeunes filles et d'enfans, qui tous observent un religieux silence et s'avancent avec recueillement jusqu'au cimetière du village. Notre marche, quoique sans ordre, sans nul apprêt, avait quelque chose de solennel et de touchant; la grande pompe que l'on déploie dans un cortége n'est pas ce qui frappe toujours notre cœur; une douleur simple et sans faste nous touche bien plus que celle où viennent se mêler l'orgueil et l'étiquette.

Nous arrivons au cimetière. Là le cortége s'arrête, on a préparé une place dans un endroit éloigné des autres tombes; car celui auquel on donne la sépulture a fini par un crime et ne doit pas obtenir les mêmes honneurs que les honnêtes habitans du village. Aucun discours, aucun adieu n'est prononcé sur la dernière demeure de l'étranger, mais j'entends prier avec ferveur autour de moi, et je vois des larmes couler, larmes qui ne sont pas feintes, puisque ces paysans ne connaissaient pas celui qui n'est plus; mais on plaint sa destinée, car il était jeune, et on croit qu'il s'est tué par amour.

Tout le monde s'est dispersé; je m'approche du maire qui va s'éloigner aussi.

« Monsieur, le jeune homme qui a fini
» si malheureusement n'a-t-il point laissé
» une lettre? — Oui, monsieur, c'est la
» pure vérité.—Monsieur, voudriez-vous
» bien me dire à qui est adressée cette
» lettre? — Vous le dire... mais, mon-
» sieur... pourquoi me demandez-vous

» cela ? — Parce que j'ai aperçu hier ici
» ce jeune homme, qu'il ne m'était pas
» entièrement inconnu, et que je pourrai
» peut-être vous donner quelques ren-
» seignemens pour trouver la personne
» à laquelle il a écrit. — Ah ! vous con-
» naissiez l'étranger... alors, monsieur,
» pourquoi ne l'avez-vous pas réclamé ?
» — Je n'avais aucune raison pour le
» faire. — Vous pouviez avertir les pa-
» rens... — Je ne lui en connais pas. —
» Enfin pourquoi s'est-il tué ? — Je l'i-
» gnore comme vous ! — Vous dites que
» vous pourrez me donner des rensei-
» gnemens... et vous ne savez rien du
» tout !... »

Je m'arme de patience, car il en faut avec les maires de village, et je reprends : « Je vous ai dit, monsieur, que je pour-
» rais peut-être vous donner des rensei-

» gnemens sur la personne pour laquelle
» le malheureux jeune homme a laissé
» une lettre ; je vous prie de nouveau
» de me dire pour qui est cette lettre ? »

M. le maire, surpris du ton d'assurance avec lequel je lui parle, fouille dans sa poche, en disant : « Pardieu !...
» alors vous serez plus adroit que mon
» garde champêtre... que j'ai envoyé à
» Paris, et qui n'a jamais pu trouver ce-
» lui pour qui est cette lettre... mais
» aussi on devrait mettre mieux une
» adresse... Ah! la voici cette lettre. »

Le maire examine la suscription, et lit avec beaucoup de difficultés.

« A monsieur... monsieur... le comte
» de Har... de Char... deville...

» — De Harleville, sans doute ? —
» Oui... je crois que ça fait à peu près

» ça... mais il n'y a que ça, et puis, à
» Paris... C'est égal, j'ai envoyé Lopard,
» mon garde, à Paris ; Lopard s'est in-
» formé chez cinq ou six marchands de
» vin, aucun ne connaissait ce comte de
» Harleville. — Je le crois. Au reste,
» la personne pour qui est cette lettre
» vient de partir de Paris... on ignore
» où elle va et si elle sera long-temps
» absente. Cependant, si vous vouliez me
» confier cette lettre, je trouverais peut-
» être une occasion pour la faire parve-
» nir à son adresse. — Non, monsieur,
» certainement je ne confierai pas ainsi
» cette lettre... j'en réponds, moi... je ne
» la donnerai à personne... avant d'avoir
» consulté le propriétaire du château...
» — Comme vous voudrez. En atten-
» dant, voici une adresse un peu plus
» détaillée pour trouver M. de Harle-

» ville, quand il sera à Paris, je vous
» conseille de la joindre à la lettre. »

Le maire prend d'un air de défiance l'adresse que je viens de tracer au crayon ; il la regarde quelques instans... probablement sans pouvoir la lire, puis me fait un salut protecteur, en murmurant : « C'est bien... c'est bien... j'i-
» rai montrer tout cela au château... je
» sais ce que j'ai à faire ! »

Le maire s'est éloigné. Je vais en faire autant, après avoir jeté un dernier regard sur la simple croix de bois que l'on a placée sur la tombe de Follard, lorsque j'aperçois deux hommes sortir d'un sentier voisin, et s'avancer du côté du cimetière qui n'est point fermé, et dans lequel chacun en passant est libre de pénétrer.

C'est Théodore et son ami Salomon.

La vue de ces deux hommes me soulève le cœur; cependant je reste, car je veux savoir ce qu'ils viennent faire. Je m'assieds près de la tombe d'une jeune fille qui me masque entièrement.

Ils se sont arrêtés à l'entrée du cimetière; je les entends parler à demi-voix.

« A quoi bon entrer là-dedans... — Je
» te dis que c'est lui qu'on vient d'y
» conduire... il s'est tué hier... —L'im-
» bécille... il aurait bien pu nous préve-
» nir de son dessein, nous ne l'aurions
» pas attendu toute la journée dans le
» bois. — Il se sera tué de colère de ce
» que le baron partait sans vouloir lui
» accorder un entretien... —C'est peut-
» être ça... ou autre chose... Il a laissé
» une lettre, j'espère qu'il n'y a rien
» dedans qui puisse nous compromet-
» tre... — Ah! par exemple!... que

» diable voulais tu qu'il écrivît contre
» nous!... d'ailleurs il n'était pas mé-
» chant!...

» — Viens donc... je suis curieux de
» voir ce qu'on a mis sur sa croix... ce
» doit être là-bas... au bout... un petit
» paysan m'a indiqué l'endroit... Viens
» donc, Théodore! »

Salomon entraîne Théodore jusqu'à la place où repose celui que la veille ils avaient poussé au crime. Tous deux se baissent pour regarder la croix; M. Salomon y lâche une bouffée de fumée.

« Il n'y a rien, » dit Théodore, « al-
» lons-nous-en... les cimetières, ça me
» fait de la peine.

» — Ah Dieu!... tu es bien sensi-
» ble... Après tout, Follard a aussi bien
» fait de se tuer!... c'était un homme dé-

» pourvu de moyens!... — Voyons, Sa-
» lomon, partons-nous?... —Fichu ta-
» bac!... heureusement c'est le reste! »

Et ces messieurs sortent du cimetière sans donner d'autres regrets à la mémoire de leur ami.

CHAPITRE X.

UNE PENSÉE DE CLÉMENCE.

Et moi aussi j'ai quitté le cimetière, mais après avoir laissé partir devant moi ces deux hommes que j'espère ne plus rencontrer sur mon chemin. Je reviens assez tristement à Boissy-Saint-Léger; la mort du cousin d'Adèle m'a rendu soucieux; je voudrais savoir ce que ce malheureux jeune homme a pu écrire à mon père; sans doute de tristes adieux, quelques regrets sur sa vie passée et de ces belles pensées qu'on trouve au moment de mourir et que l'on n'a jamais eues auparavant.

Il me faut encore raconter à madame Dubinet tout ce dont j'ai été témoin à Gros-Bois, entendre tous les commentaires, toutes les réflexions que font là-dessus la maîtresse et sa servante, ensuite celles du vieux voisin sourd et des deux vieilles filles. Pendant huit jours on ne parle que de cela ; ce qui commence à m'ennuyer et à me dégoûter de la campagne. D'ailleurs un des motifs qui m'éloignait de Paris n'existe plus : je n'y rencontrerai pas madame de Harleville puisqu'elle est partie pour aller on ne sait où. Il n'y a donc plus qu'une femme que je crains... ou plutôt que je brûle de revoir ; mais je ne puis supporter l'idée de la rencontrer encore avec un autre ; je me souviens de ce que j'ai éprouvé quand je l'ai vu passer devant moi avec cet homme qui lui tenait le bras... Ah ! si les gens avides de puissance et de grandeur sont cruellement blessés en perdant le rang qu'ils occupaient, pour un cœur aimant, il est une souffrance plus profonde, que toutes les jouissances de la fortune ne sauraient consoler.

Je suis indécis sur ce que je dois faire lorsqu'un matin Darbois arrive chez sa tante. Après avoir embrassé madame Dubinet, bu un verre de malaga et recommandé à la domestique de faire un gâteau au riz pour le dîner, mon collègue vient à moi :

« Eh bien! mon cher Arthur, c'est
» donc décidé, tu restes campagnard?..—
» Je ne sais... Voilà déjà bien long-temps
» que je le suis! — Je gage que tu as
» fait ici deux ou trois pièces et cinq ou
» six volumes...— Pas tout-à-fait, mais...
» — Au fait, on doit supérieurement
» travailler ici... l'année prochaine je
» viendrai y passer l'été... — Tu devais
» venir cet automne y travailler avec
» moi... — La saison est trop avancée...
» On doit se coucher comme les poules
» ici?...— Et quelles nouvelles de Paris...
» — On y fait des trottoirs... — Ce n'est
» pas cela que je te demande; au théâ-
» tre? en littérature?... — On vend des
» journaux chez le boulanger et des ro-
» mans à quatre sous. — Mais pour ce
» qui m'intéresse... as-tu passé chez moi?
» — Ah! oui vraiment!... Parbleu! tu

» m'y fais penser... ta portière et son
» époux, qui sont bien le couple le plus
» laid que j'aie jamais vu, m'ont chargé
» de te dire qu'une dame est venue plu-
» sieurs fois s'informer de toi. — Une
» dame... et ils t'ont dit comment elle
» était?... — Ah! ils l'ont dépeinte à
» leur manière... Une dame jeune... qui
» a l'air un peu malade... ils auront
» trouvé cela parce que probablement
» elle n'a pas de grosses couleurs. —
» Ensuite!... — Ensuite!... ma foi c'est
» tout ce qu'ils m'ont dit. — Mais elle a
» dû dire quelque chose. — Ah! elle a
» demandé ton adresse... elle voulait ab-
» solument savoir où tu étais. Et ils se
» sont bien gardés de le lui dire, parce
» qu'ils ne le savaient pas. — Elle n'a
» pas dit son nom? — Je ne crois pas...
» mais elle a laissé... une carte... un pe-

» tit papier, je crois... — Ah! donne...
» donne vite... — C'est que je ne l'ai pas
» pris de crainte de le perdre... — Ah!
» Darbois!... c'est affreux... avoir aussi
» peu de complaisance... je t'avais tant
» prié de m'apporter ce qu'on remettrait
» pour moi. — Mon cher ami, je vais
» t'avouer une chose, c'est que ton por-
» tier et sa femme sentent toujours tel-
» lement l'ognon, que j'abrège le plus
» possible mes conversations avec eux...
» je suis sûr de pleurer en les quittant...
» — Si c'était Clémence... Oui... quel-
» que chose me le dit... Darbois, je te
» suis, je retourne avec toi à Paris... —
» Bah!... vraiment... tant mieux... —
» Partons sur-le-champ...— Oh non! par
» exemple... nous partirons après dîner;
» j'ai commandé un gâteau au riz, et il
» serait très-malhonnête de n'en pas

» manger... — Ah! si tu savais combien
» je suis impatient de savoir quelle est
» cette femme qui est venue me deman-
» der... — Eh! mon Dieu! tu le sauras
» ce soir! d'ici-là... cette dame ne s'en-
» volera pas... voilà donc cet homme
» qui avait juré haine au beau sexe, et
» qui change bien vite de résolution
» parce qu'une dame a mis un pe-
» tit papier chez sa portière. — Ah!
» Darbois... c'est que... — C'est que tu
» n'as pas de caractère. Moi, vois-tu,
» quand je dis que je ne ferai plus une
» chose, je tiens mon serment; par
» exemple, j'ai juré de ne plus manger de
» homard, je n'en voudrais pas avaler
» une bouchée!... il est vrai qu'il me
» fait mal. »

Je fais mes préparatifs pour quitter la campagne, la bonne dame Dubinet gronde son neveu qu'elle suppose être cause de mon départ; pour la calmer, nous promettons de revenir tous les deux à la belle saison, et de passer un mois avec elle.

Je tâche de faire avancer l'heure du dîner : mais j'ai beau dire, lorsque nous sommes à table, Darbois n'en va pas plus vite : il prétend qu'il ne doit pas s'étouffer pour m'être agréable, et il a la gourmandise de redemander trois fois du gâteau au riz.

Enfin le dîner est fini; nous faisons nos adieux et nous montons en voiture; je suis aussi pressé de me retrouver à Paris que je l'étais de le quitter; mais les chevaux de coucous qui nous conduisent ne secondent pas mon impatience. Nous arrivons à Paris à la nuit. Je quitte Darbois, je me fais conduire chez moi et je me présente brusquement au carreau de la loge de mon portier.

Le mari et la femme poussent une exclamation de surprise en me voyant :

« Ah! monsieur Arthur! ah!... ben,
» par exemple !... si nous pensions à
» quelqu'un, c'était pas à vous!... — Ma
» foi non... vous arrivez comme une
» vraie bombe!... — Dites-moi, vous
» avez quelque chose à me remettre ?—
» — Ah!... oui, v'là des cartes... —
» Ce n'est pas cela; une dame est venue...
» plusieurs fois à ce qu'on m'a dit, et
» elle a laissé un papier... ou une lettre
» pour moi?... — Une dame... pour
» vous... — Ne l'avez-vous pas dit à
» Darbois?... l'a-t-il inventé? — Ah!
» oui... une petite dame... c'est-à-dire
» pas trop petite... maigre... — Oh !

» pas trop maigre, mon épouse, mais
» un brin pâle... comme si elle avait des
» maux d'estomac... — Eh bien! enfin,
» cette dame a laissé une lettre? — Oui,
» oui, je m'en souviens à c'theure, c'est
» la seconde fois qu'elle est venue... et
» comme je refusions encore de lui dire
» où était monsieur... ce qui paraissait
» la contrarier, elle s'en alla, puis revint
» avec une lettre, en disant : Puisqu'on
» ne peut plus le voir, j'espère qu'au
» moins on lui remettra ceci. — C'est ce
» billet que je vous demande depuis une
» heure? — Le billet... dis donc, mon
» épouse, quoi que tu as fait de c'te pe-
» tite lettre... — C'est toi qui la tenais
» ce matin pour la remettre à M. Dar-
» bois... — C'est juste... mais je te l'ai
» rendue... — Par exemple... — Même-
» ment que j'étais occupée avec ma per-

» ruche et que tu faisais monter le lait sur
» le fourneau. —Oui, et je t'ai demandé
» un brin de chiffon pour soutenir mon
» feu... — C'est alors que t'as repris
» le billet... — C'te bêtise... tu ne m'as
» donné que des chiffons dont j'ai ral-
» lumé mon fourneau... »

Je comprends que la lettre que je désirais avec tant d'ardeur, et pour laquelle je suis revenu à Paris, a servi à faire monter le lait de mon portier. Je suis furieux, je pousse, je remue, je renverse tout dans la loge du portier ; je veux absolument retrouver cette lettre, je n'entends pas qu'elle soit brûlée, je la veux, il me la faut pour me consoler. Ma portière ne cesse de me répéter :
« Monsieur, c'était une bien petite let-
» tre... oh! toute mince, il ne pouvait
» pas y avoir grand'chose dedans! »

Quand je vois que mes recherches sont inutiles, et que la lettre a bien été réellement brûlée, après avoir donné une semonce à mes portiers, je me fais donner les plus grands détails sur la figure, la taille, la mise de cette dame, et ce qu'on me dit augmente ma conviction ; je n'en doute plus, c'est Clémence qui est venue.

Venir me voir... m'aimerait-elle encore?... Est-ce seulement un souvenir de politesse... d'amitié... sa lettre m'aurait dit tout cela! et elle est perdue! Je ne sais que faire... je brûle de revoir Clémence... mais si je m'abusais... si je ne retrouvais plus qu'une femme aimable, à la place d'une amante passionnée?.. Ah! ce ne serait plus ma Clémence d'autrefois, et il me semble qu'il vaudrait mieux ne pas la revoir.

Elle n'a pas dit son nom... comment la demanderai-je?... N'importe! je sais où elle demeure, je reconnaîtrai bien la maison. J'irai demain... Il faudra bien que je la trouve... et je verrai sur-le-champ dans ses yeux si elle désirait ma présence.

Mais ce jeune homme auquel elle donnait le bras... Ah! ce souvenir se jette tristement à travers mes espérances! je veux l'écarter et il revient sans cesse... Voit-elle toujours ce jeune homme? je l'ignore... et enfin suis-je certain qu'elle l'aimait... ah! je voudrais tant ne pas le croire!... Pauvre Adolphe! dont je me moquais dans l'île Saint-Denis!... Je ne suis pas tout-à-fait dans sa situation, mais je commence à comprendre que l'on peut chercher à douter qu'il fasse jour en plein midi, lorsque cette clarté-là nous fait mal.

Pour passer ma soirée, je vais chercher des distractions dans plusieurs spectacles. A la Porte-Saint-Martin je me trouve encore voisin d'Adolphe et de Juliette; ils sont dans une loge près de celle où je suis entré. Je ne suis nullement surpris de revoir Adolphe avec son infidèle; je serais bien plus étonné s'il avait cessé de la voir.

Cette fois Adolphe me fait un gracieux salut en m'apercevant; loin de chercher à se cacher, il semble tout fier d'être vu avec sa maîtresse. Quant à cela, je trouve qu'il a raison : lorsqu'on fait des sottises, il faut les faire ouvertement; c'est souvent le moyen d'être moins tourné en ridicule.

Madame Ulysse me paraît considérablement engraissée… Si je ne me trompe, cet embonpoint n'est que momentané… Juliette est enceinte ; je ne l'aurais pas vu à sa taille, que je le devinerais à ses mines, aux petites manières qu'elle se donne. Madame semble ne pouvoir faire un mouvement de crainte de se blesser ; elle occupe à elle seule le devant d'une loge, et encore n'a-t-elle pas l'air d'y avoir assez de place. Adolphe lui fait un fauteuil avec ses genoux ; malgré cela, elle ne cesse de se plaindre. Je l'entends qui lui adresse la parole, tout en traînant la voix, comme si cela la fatiguait aussi de parler.

« Mon Dieu ! qu'on est mal ici !… que
» ces banquettes sont dures !… — Que
» veux-tu, ma chère amie… elles sont
» sans doute comme cela dans toutes les
» loges… Cependant aux premières on

» devrait être bien. J'ai pris la place
» que tu as voulu. — Encore une fois,
» je vous dis qu'on est horriblement
» assis!... — Dame... veux-tu essayer
» d'une autre loge?... — Oh! ce serait
» bien inutile, je crois... — Veux-tu
» que j'aille demander à l'ouvreuse si
» elle aurait un coussin pour mettre
» sous toi?... — Que vous êtes bête!...
» pourquoi ne pas lui demander tout de
» suite un rond en cuir... pour qu'on
» croie que j'ai des hémorroïdes?... —
» Écoute donc, je t'offrais cela pour...
» As-tu assez d'un petit banc?... veux-tu
» deux petits bancs?... — Vous m'en-
» nuyez... laissez-moi en repos. »

Adolphe se tait et ne bouge pas; car ses genoux servant de bras de fauteuil, s'il se permettait de faire un mouvement, madame pourrait en être incommodée.

Mais au bout de deux minutes, c'est Juliette qui parle de nouveau.

« Ah! que vos genoux sont durs...
» vous avez des os pointus... ça m'entre
» dans les côtes... — Si tu veux, je vais
» les retirer... — C'est cela... et puis je
» tomberai en arrière, ou je m'appuierai
» sur le devant de la loge... n'est-ce pas?
» Dans ma position, croyez-vous qu'il
» soit commode de s'appuyer en avant,
» pour casser le nez à mon enfant?...—
» Je ne te dis pas cela... mais c'est parce
» que tu te plaignais de... — Aïe!...
» aïe!... — Qu'est-ce qu'il y a?... —
» Aïe!... — Ah! mon Dieu!... veux-
» tu que j'aille chercher l'accoucheur?
» — Est-ce que vous voudriez que j'ac-
» couchasse au spectacle?...--Mais c'est
» parce que ça avait l'air de te prendre...
» comme si tu allais... — Comme si!

» comme si !... ah ! on voit bien que
» vous n'avez pas l'habitude d'être avec
» une femme dans ma position... — Ma
» foi, c'est vrai... tu es la première que
» je me flatte d'avoir... — Aïe !... —
» Encore ?... mon Dieu ! bonne amie,
» est-ce qu'il a remué ?... — Allez-vous-
» en !... vous m'impatientez... — Mais...
» ma bonne amie... — Allez me cher-
» cher quelque chose à manger... j'ai
» une envie de crevettes... — De cre-
» vettes ?... et où diable veux-tu que
» j'en trouve, par ici ?... — Je veux des
» crevettes, monsieur ; j'en veux, il m'en
» faut... c'est une envie... songez qu'il
» est dangereux de ne pas satisfaire les
» envies d'une femme qui est dans ma
» position... — Ne te fâche pas... je vais
» courir jusque chez le marchand de co-
» mestibles du boulevart Poissonnière...

» — Allez où vous voudrez... mais j'en
» veux... — C'est que je croyais qu'au
» spectacle on ne mangeait pas de... —
» Une femme dans ma position mange
» de tout, et partout; ce n'est jamais ri-
» dicule... Aïe... aïe!... — J'y cours,
» chère amie. »

Et Adolphe, qui croit que Juliette va accoucher d'une crevette, s'il ne se hâte pas de satisfaire sa fantaisie, n'attend pas l'entr'acte, enjambe les banquettes, et sort de la loge comme s'il se jetait dans une trappe anglaise.

Madame Ulysse use terriblement du pouvoir qu'elle a pris sur son jeune amant; mais elle fait bien... quand un homme pardonne à sa maîtresse ce que celui-là a pardonné, elle peut tout se permettre ; sa puissance s'augmente de toutes les sottises que l'on a faites pour elle.

Après la pièce, je sors, laissant dans la loge voisine, Juliette changer à chaque instant de position, en faisant plus ou moins de grimaces. Au coin du boulevart, un homme se jette sur moi en courant : c'est Adolphe, avec un cornet de crevettes à la main.

« Ah! pardon, monsieur... Tiens!
» c'est monsieur Arthur... vous quittez
» le spectacle?... — Oui, et vous, y
» rentrez-vous? — Je vais porter cela à
» Juliette... c'est une envie qu'elle a...
» et, dans sa position, il faut la conten-
» ter... Mon cher monsieur Arthur, je
» vous dirai que je suis à présent le plus
» heureux des hommes ! — J'en suis fort
» aise. — D'abord, je me suis, comme
» vous l'avez vu, raccommodé avec Ju-

» liette... J'ai eu de la peine... oh! elle
» ne le voulait pas... il a fallu que je la
» menace de m'enfermer avec un four-
» neau de charbon... Enfin, c'est fini...
» nous vivons comme des colombes...
» Elle est d'une douceur de caractère !..
» Il n'y a que dans ce moment-ci que son
» état la change un peu... Dites donc...
» je vais être père !... — Je vous en fais
» mon compliment. — Ma foi, j'en suis
» tout glorieux !... je ne fais que chanter
» l'air de la *Piété filiale*... Je n'ai pas
» besoin de vous dire que Juliette a dis-
» sipé tous mes soupçons, relativement
» à l'aventure de l'île Saint-Denis...
» j'avais été aveuglé par la jalousie. Du
» reste, ce Théodore est un drôle! un
» chenapan! Juliette m'a autorisé à le
» tuer toutes les fois que je le rencontre-
» rai... mais le coquin m'évite, sans

» doute, car je ne l'ai pas aperçu depuis
» que... Ah! mon Dieu!... et Juliette
» qui attend les crevettes... et moi qui
» n'y pensais plus... Pardon, monsieur
» Arthur, si je vous quitte si brusque-
» ment... »

Et Adolphe se sauve sans achever même sa phrase. Je le laisse aller, et je rentre chez moi; j'ai déjà oublié Désigny et sa maîtresse, je ne pense qu'à Clémence que je compte voir demain. Rien de moins aimable dans le monde qu'un homme amoureux; parlez-lui de tout ce que vous voudrez; dites-lui les choses les plus intéressantes; vous croyez qu'il vous écoute parce qu'il reste muet devant vous; mais il est tout préoccupé de ses amours; et au bout d'une minute il ne se rappelle pas un mot de ce que vous lui avez dit.

Toute la nuit je pense à Clémence, au plaisir que j'aurai à la revoir; plus je me rappelle sa conduite avec moi, les nombreuses marques d'amour qu'elle m'a données, les sacrifices qu'elle m'a faits, plus je m'étonne d'avoir cru si légèrement qu'elle avait cessé de m'aimer. Quelle preuve en ai-je eu?... Son oubli... Mais qui m'assure qu'elle m'avait oublié? tout en m'aimant toujours ne pouvait-elle pas savoir que j'étais amoureux d'une autre?.. N'était-ce pas une raison suffisante pour ne plus me donner de ses nouvelles... surtout après la manière peu aimable dont je m'étais conduit avec elle la dernière fois qu'elle vint me voir? Je l'ai rencontrée dans la rue, donnant le bras à un jeune homme, et de là j'ai conclu que ce jeune homme était son amant! N'est-ce pas juger un peu vite? une femme ne peut-elle sortir avec un homme sans qu'une liaison intime existe entre eux? certes, j'ai eu cent fois des preuves du contraire! Pourquoi donc ai-je sur-le-champ cru à l'inconstance de Clémence?.. Oh! j'avais tort... tout me dit maintenant que j'avais tort. Elle est revenue, elle désire me revoir, c'est qu'elle m'aime toujours... je retrouverai ma Clémence d'autrefois! et je goûterai bien mieux mon bonheur, car c'est lorsque l'on a craint de perdre ceux qu'on aime, que l'on sent à quel point ils nous sont chers.

Sur les dix heures du matin, je ne tiens plus chez moi. Je sors pour aller chez Clémence; il est encore de bien bonne heure, mais Clémence n'est point de ces jolies femmes qui ne sont visibles que lorsque leur toilette est entièrement achevée; elle se laisse voir sans apprêts, dans un simple négligé, et les femmes qui se montrent ainsi sont ordinairement matinales.

Je ne sais pas le nom de la rue où je suis allé avec M. Lubin, mais je ne suis point embarrassé pour la retrouver, et cette fois, je suis fort aise de ne pas avoir l'homme de lettres avec moi. M'y voici. Je reconnais parfaitement cette rue... Voilà la maison où elle demeure... Mon cœur bat comme si j'allais à un premier rendez-vous... Ah! c'est bien plus pour moi!.. Un premier rendez-vous n'est souvent qu'un premier plaisir, qu'un second fera bientôt oublier; mais quand il s'agit d'une ancienne amie, d'une femme que l'on ne peut pas remplacer, notre cœur attend du bonheur pour toute la vie!...

A quel étage demeure-t-elle?.. Je ne sais pas le nom qu'elle porte maintenant... que demanderai-je au portier?... Entrons vite et sans m'arrêter... peut-être ne me demandera-t-il pas où je vais.

Je marche hardiment vers la porte cochère, je passe devant le portier, et je suis contre l'escalier lorsqu'une voix me crie :

« Monsieur, où allez-vous?... »

Je m'arrête, car je ne veux cependant pas avoir l'air d'un voleur et je balbutie :
« Je vais... je vais... chez cette dame...
» vous savez bien... cette jeune dame qui
» demeure seule... madame... mon Dieu!
» ce nom m'échappe toujours; mada-
» me... madame Clémence... de... des...
 »—Clémence Desmares, alors...—Jus-
» tement, madame Clémence Desmares.

» — A la bonne heure... mais on dit où
» l'on va... on ne passe pas comme une
» fusée devant les portiers... Vous savez
» que c'est au troisième, la porte à gau-
» che... —Oui... oui, je le sais, je vous
» remercie. »

Je me rappelle maintenant que Desmares est le nom de famille de Clémence, j'aurais dû deviner que c'était celui-là qu'elle avait repris. N'importe, me voilà certain que c'est ici, au troisième, qu'elle loge; je monte... mais plus doucement, car ma poitrine se gonfle... L'approche d'un grand plaisir gêne toujours notre respiration... Je suis arrivé au second étage lorsque j'entends ouvrir une porte et parler à l'étage supérieur... Je m'arrête... je pense que c'est Clémence qui sort.

C'est un homme qui parle; j'entends

ces mots : « Au revoir, ma bonne amie...
» Je reviendrai le plus tôt possible. »

Et puis on s'embrasse... Oh! on s'embrasse plusieurs fois bien tendrement; une porte se ferme, et j'entends descendre dans l'escalier.

Je suis resté sans bouger sur le carré du second étage. Je me suis senti glacé, et pourtant mes joues sont brûlantes, ma tête est en feu.

C'est un jeune homme qui descend... Ah! c'est lui!... c'est le même que j'ai vu tenant Clémence sous son bras... il sort de chez elle... à dix heures du matin... et le son de ses baisers retentit encore à mon oreille! et je me flattais... et je cherchais à me persuader que j'avais tort de penser qu'il était l'amant de Clémence.

Ce monsieur passe devant moi, il porte la main à son chapeau, puis continue de descendre. Je suis resté comme un terme, appuyé sur la rampe : c'est trop de peine au moment où je croyais retrouver le bonheur.

Je reste quelques instants accablé sous le poids de ma douleur, puis je rappelle mon courage, je rougis de ma faiblesse, et je descends rapidement l'escalier. Maintenant il est inutile que je la revoie... La perfide!... venir chez moi, quand elle en aime un autre!... c'est donc pour faire parade de son inconstance, pour jouir de ma peine!... mais elle n'aura pas ce plaisir! Je jure bien qu'elle ne me verra plus.

Je suis sorti de cette maison... où j'étais entré si heureux, le cœur rempli de si doux souvenirs... Allons! il faut chasser ces idées; j'étais bien niais de croire que l'on m'était resté fidèle! C'est singulier que pour l'amour et l'amour-propre, l'expérience soit presque toujours sans profit !

Pendant plusieurs jours, je cours le monde, les soirées, les réunions ; je veux me distraire, m'étourdir ; mais, au milieu des plaisirs, je porte un visage triste, dont on me fait la guerre. Je ne sais pas prendre sur moi et déguiser ce que je ressens. Quand je veux rire, je commence par soupirer.

Un matin, je rencontre Darbois, qui me dit : « J'allais chez toi... te faire mes
» adieux. — Où vas-tu ? — En Italie...
» Un voyage d'agrément avec un riche
» Anglais... à frais communs ; mais c'est
» milord qui paiera tout... Il a une bonne
» voiture... une calèche ; on s'étend, on
» est à son aise... Je ferai sept ou huit
» pièces en route ; je trouverai des sujets
» partout... En six mois nous aurons vu

» toute l'Italie... Veux-tu venir avec
» nous?... — Si j'acceptais, que dirais-
» tu? — J'en serais enchanté, parole
» d'honneur! — Mais, ton milord?... —
» C'est un bon homme; pourvu qu'on
» le fasse rire, il est heureux comme
» un roi. — Mais je voudrais payer mes
» dépenses, moi; je n'entends pas que
» ton Anglais me défraie...—Tu paieras
» tout ce que tu voudras; on est libre.
» Je n'empêche jamais les autres de
» payer. Voyons, est-ce dit? viens-tu
» avec nous?—C'est décidé. Je vais de ce
» pas chercher un passeport. — Bravo!
» c'est charmant!... Et moi je vais
» prévenir lord Beef que nous serons
» trois au lieu de deux... Oh! allons-
» nous faire des pièces en route!... —
» A quand le départ? — Demain, à six
» heures du soir... Tiens, voici l'adresse

» de l'hôtel de mon Anglais; fais-y porter
» ta valise. »

Le lendemain je suis exact au rendez-vous; et, à six heures cinq minutes, je pars de Paris dans une bonne calèche couverte, avec Darbois et lord Beef que je vois pour la première fois.

CHAPITRE XI.

VOYAGE ET RETOUR. — UNE EXPLICATION.

Il y a peu de chagrins qui résistent à la distraction d'un voyage; lorsqu'il ne les dissipe pas entièrement, au moins parvient-il toujours à les diminuer; le changement d'air, de lieu, en ranimant les esprits, ramène souvent la santé, et rappelle aussi la gaîté qui est la santé morale. Il semble que nos peines et notre mal soient quelquefois attachés aux murs qui nous entourent; en les quittant, en les perdant de vue, nous sommes déjà soulagés.

J'éprouve l'heureuse influence des voyages. Au bout de quelques postes je respire plus à mon aise; quelques lieues encore, et je commence à rire des réflexions de Darbois et des mines de notre compagnon de route.

Lord Beef est un Anglais dans toute la force physique; grand, gros, blond-roux avec de gros yeux à fleur de tête, et de grandes guêtres qui montent jusqu'au genou. Il a d'abord reçu assez froidement le salut que je lui ai fait en montant en voiture. Petit à petit pourtant, il se déride, et son air est plus aimable avec moi.

Je fais part à Darbois de mes réflexions et il me dit : « C'est qu'en montant en » voiture tu avais l'air gai comme un » croque-mort, et que cela n'avait pas » semblé d'un bon augure à milord, » qui désire faire un voyage d'agrément; » mais tu t'égaies, tu souris, tu deviens » aimable... Milord change d'opinion sur » ton compte, et redevient content aussi; » comprends-tu? — Parfaitement ; » mais il n'a pas encore parlé ton lord » Beef, est-ce qu'il ne sait pas le français ? » — Il ne l'entend pas très-bien et n'en » sait encore que peu de mots... c'est » pour cela qu'il tient beaucoup à » l'expression des physionomies. At- » tends, je vais le faire parler.

Darbois se tourne vers lord Beef, et lui frappe sur le genou, en lui disant: « Eh bien! milord, cette santé est tou- » jours bonne?

« *Salut, monsieur!* » répond l'Anglais en secouant la tête et en serrant affectueusement la main de mon collègue; celui-ci reprend : « Sommes-nous en
» bonnes dispositions pour le déjeuner,
» milord? — *Bonjour, monsieur!* » répond l'Anglais en secouant de nouveau la main de Darbois.

« Et ferons-nous une foule de con-
» quêtes en voyage, milord, ainsi que
» je me le suis promis ?

» — *Bonsoir, monsieur,* » répond lord Beef en lâchant cette fois la main de mon ami.

« Eh bien! j'espère que c'est gentil, » me dit Darbois qui se pince les lèvres en me regardant. « Voilà à peu près tout ce
» qu'il sait de français, mais il place cela
» très-adroitement ! — Comment! indi-
» gne menteur, voilà l'homme avec le-
» quel tu voulais faire seul un voyage

» d'agrément? — Et pourquoi pas? je
» parle pour deux, moi, et milord mange
» pour quatre; je t'assure que c'est un
» compagnon de route très-agréable, ex-
» cellent homme du reste, et qui est
» toujours content quand on a l'air gai
» et qu'on a bon appétit.— Malgré cela,
» j'avoue que sa conversation me paraît
» un peu décousue! — Tu t'y feras. »

Nous avons pris la route de Lyon. Darbois veut visiter les Apennins, le Piémont; mais à chaque poste il change d'avis, nous ne sommes jamais certains la veille du chemin qu'il nous fera faire le lendemain. Je me laisse conduire; peu m'importe quelle route nous suivrons, par quelle ville nous passerons. Je vois d'autres lieux, des pays nouveaux pour moi, c'est tout ce que je désire. Quant à lord Beef, quand Darbois lui demande s'il préfère voir Nice ou Milan, il répond : « *Bonsoir, monsieur.* »

Lorsque Darbois est content de la cuisine d'une ville, il n'y a plus moyen de la lui faire quitter. Ensuite, que ce soit notre chemin ou non, il nous fait passer par les pays dont on vante quelques produits. Dans l'un, nous restons huit jours à cause des pâtés ; dans un autre, nous en passons quatre pour son vin ; Darbois qui aime beaucoup la charcuterie, nous fait rester quinze jours à Lyon, trouvant toujours un prétexte pour retarder notre départ. Cependant, ce pauvre lord Beef, qui n'aime ni la hure ni le saucisson, répond, « *Bonsoir, monsieur!* » d'un air de fort mauvaise humeur, quand Darbois lui offre de la charcuterie, et baragouine ensuite plusieurs minutes dans un jargon que nous ne pouvons comprendre; malgré cela, Darbois prétend que milord s'amuse beaucoup dans notre compagnie, et qu'il est fort satisfait de son voyage d'agrément.

Nous arrivons enfin à Milan. Pendant que je visite la ville et les environs, que lord Beef se promène en roulant de gros yeux et en disant : « *Bonsoir, mon-* » *sieur*, » à toutes les personnes qui l'examinent, Darbois, qui cherche probablement un sujet de pièce avec les Milanaises, disparaît le matin après le déjeuner et me laisse toute la journée en société avec milord. En toute autre circonstance, je me fâcherais de la conduite de mon collègue, qui s'est débarrassé sur moi du soin de tenir compagnie à son Anglais, et me fait faire un singulier voyage d'agrément. Mais heureusement pour Darbois que mes souvenirs de Paris ne sont pas entièrement bannis de ma mémoire, et lorsque je suis avec lord Beef, comme rien ne m'empêche de me croire seul, je puis tout à mon aise me livrer à mes pensées et me transporter en idée dans ce Paris que j'ai quitté si précipitamment.

Darbois nous fait aller à Florence, à Gênes, à Parme; mon collègue a pris un grand amour pour le macaroni, et dans les villes où on le fait le plus à son goût, il nous assure qu'il y a une foule de choses curieuses à voir. Lord Beef, amateur de tout ce qu'on lui dit être curieux, ne se lasse pas de se promener; mais je commence à me lasser de le conduire et d'entendre ses *bonsoir ou salut, monsieur*. Il y a déjà quatre mois que nous voyageons; l'agrément me semble se prolonger beaucoup, et j'aurais déjà quitté Darbois et son Anglais, sans le souvenir de ces baisers que j'ai entendu donner et recevoir si près de moi... Maudits baisers!... si doux pour un autre, et qui m'ont fait tant de mal!... je crois vous entendre encore! et c'est ce qui m'empêche de retourner à Paris. Si je rencontrais Clémence, il me semble que je ne pourrais m'empêcher de lui reprocher sa perfidie... Et à quoi cela m'avancerait-il?... cela serait tout aussi inutile que de la supplier de m'aimer encore.

Darbois, qui a sans doute laissé à Milan quelque jolie femme qu'il désire revoir, nous y ramène en nous soutenant que c'est le chemin pour aller à Naples, et un matin en me promenant dans la ville, je ne suis pas peu surpris de me voir accosté par ce même jeune homme avec lequel je causais toujours dans les salons de M. de Réveillère.

« C'est vous, monsieur Arthur... vous
» à Milan?—Pourquoi pas? vous y êtes
» bien...—Oh! moi c'est par ordonnance
» du médecin; on me conseille quelques
» mois d'Italie... je vais aller à Rome...
» si j'en ai le courage, car je n'ai quitté
» Paris que depuis huit jours et je m'en-
» nuie déjà... — Donnez - m'en donc
» des nouvelles, à moi qui suis absent
» depuis près de cinq mois.—Oh! j'en
» sais de fort piquantes!... Vous vous
» rappelez bien la baronne de Harle-
» ville... cette jolie femme ci-devant ma-
» dame d'Asveda... dont vous prétendez
» n'avoir pas été amoureux...—Eh bien!
» la baronne... achevez...—Au bout de
» fort peu de temps de ménage, son
» mari, déjà jaloux, l'avait emmenée
» en Angleterre?..—Ah! ils sont en An-
» gleterre...—Attendez donc : là, il pa-
» raît qu'un jeune lord a fait les doux

» yeux à la baronne... nouvelle fureur
» de ce pauvre mari qui, ne sachant plus
» que faire, se décide à ramener sa jolie
» femme à Paris!... Mais le jeune lord
» les avait suivis en cachette. Cependant
» le baron fait ce qu'il peut pour que
» sa femme oublie les plaisirs de Lon-
» dres; il lui prodigue fêtes, cadeaux,
» parures, il fait pour elle mille folies;
» et pour récompense savez-vous ce que
» sa chère épouse a fait?.. vous ne devi-
» nez pas, mon cher?... —Parlez, de
» grace... — Elle s'est fait enlever par
» l'Anglais et a laissé là son vieux baron,
» après avoir, à ce qu'il paraît, em-
» prunté de l'argent et souscrit des bil-
» lets que son époux se croit obligé de
» payer... — Ah! grand Dieu!... que
» m'apprenez-vous!... — Rien de bien
» extraordinaire... ce que j'avais prévu...

» prédit...—Mais le baron?—Le baron,
» dont les affaires étaient déjà dérangées
» par suite du train de vie qu'il menait
» depuis son mariage, mais dont vous
» connaissez la fierté, n'en a pas moins
» reconnu toutes les dettes de sa femme
» pour faire honneur à son nom ; et, en
» attendant qu'il puisse les payer, il s'est
» laissé conduire en prison. — En pri-
» son!... mon... monsieur de Harleville
» en prison pour dettes!... — Il n'a que
» ce qu'il mérite : un homme raisonna-
» ble n'épouse pas une femme galante,
» et madame d'Asveda n'était pas autre
» chose!... Mais dites-moi, à votre tour,
» que fait-on dans ce pays? comment
» s'amuse-t-on? Les Milanaises sont-elles
» aimables?... — Pardon... je n'ai pas
» le temps... je vous salue. »

Je quitte si brusquement le pauvre

jeune homme qu'il en reste interdit au milieu de la rue. Mais j'ai déjà pris mon parti, et je me hâte de retourner à l'hôtel où nous logeons, je commande des chevaux de poste, et fais sur-le-champ les préparatifs de mon départ. Lord Beef est seul à l'hôtel; en me voyant aller et venir avec précipitation, il cherche à deviner ce qui m'occupe, et, voulant me questionner, m'accable de : « Salut, monsieur ! »

Darbois est capable de ne revenir que le soir; les chevaux sont prêts; je ne veux pas attendre ; je laisse un mot pour mon collègue, dans lequel je lui apprends qu'un motif impérieux m'oblige à partir sur-le-champ pour Paris. Puis, serrant la main de lord Beef qui me regarde avec inquiétude, je lui dis adieu, en réponse à un *bonsoir, monsieur,* qui n'a jamais été si bien placé.

Me voilà en route ; dans cinq jours je serai à Paris ; j'ai le temps de réfléchir tout à mon aise ; je ne puis supporter l'idée de savoir mon père en prison. Habitué à vivre dans l'aisance, à l'âge où l'on ne devrait plus connaître les ennuis, les tracas de la vie, être en prison !... Je ne l'y laisserai pas, tant que mes moyens me permettront de l'en tirer. Mon père m'a privé de sa tendresse, mais cela ne doit pas m'exempter de faire mon devoir, et d'ailleurs je sens bien que je l'aime toujours, moi, et que la nature n'est pas muette dans mon cœur comme dans le sien.

Je vendrai mes rentes, tout ce que je possède, si cela est nécessaire pour libérer mon père ; je suis jeune encore ; je puis travailler ; je puis supporter des privations; mais le baron de Harleville ne doit pas être obligé d'avoir recours à des étrangers ; il mourrait plutôt en prison... Oui, je le connais! il est trop fier pour endurer la moindre humiliation.

J'arrive à Paris, moulu par le voyage; mais je ne prends pas le temps de me reposer. A peine ai-je été chez moi pour changer de vêtemens, que je cours chez un jeune avoué qui s'entend parfaitement aux affaires ; je lui apprends mes intentions : il se chargera d'abord de savoir pour quelle somme le baron de Harleville est détenu à Sainte-Pélagie. Il promet de me le dire dès le lendemain, et j'attends avec impatience ce moment.

Mon avoué me tient parole : le lendemain je sais que mon père a reconnu des dettes pour quarante-trois mille francs. C'est pour cette somme qu'il est détenu ; avec les frais, cela pourra monter à quarante-cinq mille francs. Je respire !... je puis facilement réaliser cette somme. A la vérité, il ne me restera plus que douze à quinze cents francs de rente ; mais qu'importe ! un auteur n'a-t-il pas sa plume ?... Il est vrai que malheureusement les scènes dramatiques semblent de préférence s'adresser à la fortune: l'auteur qui a besoin de travailler pour vivre est presque toujours l'auteur qu'on sifflera ; mais ces réflexions ne changeront rien à ma résolution.

Je vais trouver un agent de change; je vends mes rentes; j'ai la somme qu'il me faut, et après m'être muni d'une permission, je me rends à Sainte-Pélagie où je demande à parler au baron de Harleville.

Mon père a une chambre pour lui seul; on me permet de l'y voir. Je ne puis rendre ce que j'éprouve en traversant les tristes corridors de la maison d'arrêt; en suivant l'homme qui me conduit près de mon père, je me rappelle toute la haine que le baron me porte, la défense qu'il m'a faite, les sentimens qu'il me suppose pour sa femme, et au moment où l'on m'ouvre la porte de sa chambre, je me sens frémir et trembler comme si je venais pour faire une mauvaise action.

Mon père est assis devant une table, la tête penchée sur sa poitrine; il porte, suivant son usage, une redingote bleue, un gilet blanc, un col noir; ses cheveux me semblent déjà blanchis; sa physionomie est triste, mais n'a rien perdu de sa fierté. A mon entrée dans sa chambre, présumant, sans doute, que c'est le porte-clefs, il ne tourne pas la tête, et je reste quelques instans à le considérer, sans qu'il se doute que son fils est auprès de lui.

Je me décide cependant à faire quelques pas vers lui, en balbutiant : « Par-
» don, monsieur le baron, si j'ose.... »

Ma voix le fait tressaillir, il lève vivement la tête, fronce les sourcils en m'apercevant et s'écrie :

« Vous ici, monsieur !... que venez-
» vous y faire?... qui vous a permis de
» venir m'y poursuivre? Avez-vous ou-
» blié la défense que je vous ai faite?

»—Non, monsieur, mais j'ai cru que les
» murs de cette prison me permettaient
» de l'enfreindre...

» — Vous avez eu tort... doublement
» tort... venir me voir dans cette mai-

» son... n'est-ce pas encore pour insulter
» à mon malheur?...

» — Ah!... monsieur! pouvez-vous
» me supposer cette affreuse pensée!

» — Oui, oui, je dois croire capa-
» ble de toutes les perfidies celui qui
» n'a pas craint de porter des regards
» criminels sur l'épouse de son père, et
» qui, bravant ma défense, mécon-
» naissant mon autorité, poursuit en
» tous lieux l'objet de sa honteuse pas-
» sion... Si j'avais pu excuser, pardon-
» ner un égarement passager, votre ob-
» stination à nous suivre, lorsque j'em-
» menais ma femme loin de Paris, votre
» présence à Gros-Bois, dans l'auberge
» où nous étions, sont des faits qui
» suffiraient pour motiver mon cour-
» roux.

» — Monsieur... vous me jugez bien

» mal!... vous m'accusez à tort!... si
» vous saviez quel motif me faisait agir
» alors... mais, hélas! vous ne me croiriez
» pas! vous êtes tellement prévenu con-
» tre moi!...

» — Si je fus injuste pour vous, jadis,
» vous avez bien pris soin, depuis, de me
» donner raison ! »

Le baron se lève, marche avec agitation dans la chambre en prononçant quelques mots que je ne puis comprendre, puis, s'arrêtant tout à coup devant moi, il me montre la porte, en me disant :

« Sortez, monsieur, sortez ; et désor-
» mais, dispensez-moi de vos visites. »

Le ton dont mon père me dit ces mots a quelque chose de si dur et de si méprisant, que je sens à mon tour ma fierté renaître ; mon front rougit, mais ce n'est plus de crainte ; mon courage est revenu, ma conscience me dit que je ne dois point trembler comme un coupable, et loin de sortir, je réponds à mon père, d'un ton calme, mais ferme :

« Non, monsieur le baron, je ne vous
» quitterai pas ainsi. Il y a trop long-
» temps que je suis en butte à vos mépris,
» à votre haine, sans en deviner la cause...
» car ce n'est pas de votre mariage avec
» madame d'Asveda que date l'aversion
» que vous me témoignez ; vous m'avez
» renié pour votre fils, depuis que, mal-
» gré vos remontrances, j'ai embrassé la
» profession des lettres ; mais il n'est pas
» possible que cette circonstance seule
» m'ait privé de votre tendresse. Un père
» pardonne des torts plus graves ; si j'en
» ai eu que j'ignore, je vous prie de me
» les faire connaître, monsieur, afin de
» les réparer si cela est en ma puissance.

» Mais on ne condamne pas un homme
» sans lui apprendre quel est son crime :
» c'est bien le moins que je sache enfin
» ce qui m'a fermé le cœur de mon
» père. »

Le baron, qui a paru étonné de la manière dont je lui ai parlé, réfléchit quelques instans, fait encore quelques pas dans la chambre, puis me montrant une chaise, me dit d'un air plus calme :

« Eh bien ! monsieur, puisque vous le
» voulez... je vais vous apprendre ce
» qui, depuis bien long-temps, a privé
» mes nuits de sommeil, mes jours de
» bonheur... C'est le secret de mon ame
» que je vais vous confier... Mais enfin,
» il vous touche aussi ce secret, et peut-
» être n'avez-vous pas tort en m'en
» demandant la révélation. Écoutez-
» moi, monsieur. »

Je m'assieds en face du baron, osant à peine respirer, tant je crains de perdre une seule des paroles qu'il va prononcer. Après quelques instans de méditation, mon père commence enfin :

« Je me mariai par amour. J'aimais
» votre mère éperdument; elle était
» belle, aimable... parfaitement élevée;
» je pensais qu'elle ferait mon bonheur.
» Mais quelques mois de mariage suffi-
» rent pour me faire voir que je m'étais
» abusé. Votre mère ne m'aimait pas,
» c'est-à-dire, elle m'aimait... par de-
» voir... par principes!... parce qu'elle
» portait mon nom. Mais ce n'était point
» cet amour passionné que j'éprouvais
» pour elle, et que je comptais trouver
» chez mon épouse. Je la voyais souvent
» triste, rêveuse; je pensai qu'il existait
» quelque motif, quelque cause pour

» qu'elle ne partageât pas mon amour.
» Je dissimulai mes tourmens, je feignis
» l'amitié, la bonhomie de ces hommes
» qui se contentent de l'estime de leur
» femme, et, à force de questionner la
» mienne sur les premiers penchans de
» son cœur, je l'amenai à m'avouer
» qu'elle avait aimé un jeune homme
» qui venait chez ses parens ; ce jeune
» homme qui l'adorait, l'avait demandée
» à son père ; mais celui-ci avait refusé
» d'unir sa fille à quelqu'un qui n'avait
» ni fortune, ni état. Je cachai à ma
» femme le dépit que me faisait éprou-
» ver sa confidence que j'avais pourtant
» sollicitée, et je cherchais moi-même
» à l'effacer de mon souvenir, lorsque
» quelques mois ensuite, nous rencon-
» trâmes dans le monde un jeune au-
» teur. Je ne sais par quelle fatalité il

» me fut présenté. Ce jeune homme était
» aimable avec moi, mais sérieux près
» de ma femme. Cependant on parlait
» chaque jour de ses succès au théâtre, et
» votre mère semblait y prendre un in-
» térêt qui me déplut; enfin, je ne pus
» m'empêcher un jour de lui en deman-
» der la raison... elle ne craignit pas de
» m'avouer que ce jeune auteur était le
» même qui lui avait fait la cour lors-
» qu'elle était demoiselle. J'éprouvai
» alors des tourmens, qu'il faut avoir
» ressentis pour les comprendre. Je
» trouvai moyen de fermer ma maison
» à ce jeune homme; mais le repos en
» avait fui pour jamais, et, dès cet instant,
» il n'y eut plus de bonheur possible dans
» mon union avec votre mère. Ce fut à
» cette époque qu'elle m'annonça qu'elle
» était enceinte; et ce qui, en tout

» autre temps, m'eût comblé de joie,
» me rendit alors encore plus malheureux:
» des soupçons affreux déchiraient mon
» ame!... mais que faire?... que dire?...
» rien ne me prouvait que mes soupçons
» fussent fondés. Vous vîntes au monde;
» je vous embrassai d'abord avec ivresse,
» puis bientôt je vous repoussai de mes
» bras... C'est ainsi que je vous vis gran-
» dir près de moi; quelquefois vous com-
» blant de caresses... ou fuyant votre
» vue qui me faisait mal. J'étais mal-
» heureux, et sans doute votre mère ne
» fut pas heureuse non plus, quoique
» jamais un reproche ne sortît de ma
» bouche. Lorsqu'elle mourut... vous
» aviez quinze ans; j'ignore si elle avait
» deviné la cause de mes chagrins, mais
» je la lui avais constamment cachée. La
» mort de votre mère me fit faire des

» réflexions ; elle avait toujours été si
» douce, si bonne !... je pensai que je
» m'étais tourmenté sans raison, que
» mes soupçons étaient mal fondés. Alors
» je revins à vous, je me sentais disposé
» à vous rendre ma tendresse... Mais
» quelle fut ma douleur, ma colère,
» lorsque, bravant mes ordres, mépri-
» sant mes conseils, vous refusâtes de
» suivre la carrière des armes... et cela
» pour être auteur !... pour faire des piè-
» ces !... Vous ne pouvez vous imaginer
» tout le mal que j'éprouvai lorsque j'ap-
» pris, de vous-même, que vous aviez
» une vocation décidée pour la carrière
» des lettres... c'était la profession de cet
» homme que votre mère avait aimé, de
» cet homme cause des angoisses, des tor-
» tures que j'éprouvais depuis si long-
» temps ; alors tous mes soupçons me

» semblèrent justifiés, tous mes doutes
» résolus... je n'eus plus pour vous que
» de la haine, car je pensai que vous
» n'étiez pas mon fils.

» — Ah! monsieur le baron... ah!
» mon père... car vous l'êtes... Oh! oui,
» ma mère ne fut pas coupable, mon
» cœur me le dit... Combien je regrette
» maintenant d'avoir moi-même forti-
» fié... réveillé d'affreux soupçons... Si
» j'avais su... si vous m'aviez ouvert vo-
» tre ame, ah! je vous le jure, j'aurais
» renoncé à suivre une carrière qui avait
» flatté mes goûts et séduit mon imagi-
» nation.

» — Non, je ne devais rien vous révé-
» ler; je voulais voir si cette vocation
» d'écrire était innée chez vous... rap-
» pelez-vous d'ailleurs que vous résistâ-
» tes à mes instances... à mes ordres

» mêmes. En obtenant des succès dans
» cette carrière, vous pensiez me flé-
» chir... obtenir votre pardon; mais, au
» contraire, chacun de vos triomphes
» fortifiait ma conviction... Je voyais de
» la ressemblance entre vos ouvrages et
» ceux de cet homme que votre mère a
» aimé. Si vous n'aviez eu que des chu-
» tes, j'aurais pu revenir à vous, car je
» me serais dit : La nature ne l'avait pas
» fait poète. Je vous ai appris, monsieur,
» la cause de mon éloignement pour vous
» dès que vous eûtes embrassé cette pro-
» fession... vous le voyez, ce n'est point
» à la profession des lettres, que s'atta-
» chait ma prévention... Je vous défen-
» dis de continuer à porter mon nom...
» croyez bien, que ce n'était pas par
» mépris pour le théâtre... je l'y aurais
» entendu prononcer avec fierté, si j'a-

» vais pensé que vous fussiez vraiment
» mon fils.

» — Eh quoi! monsieur... sur de vagues
» soupçons... que rien n'a pu justifier,
» parce que la jalousie s'empare de votre
» cœur, vous accusez une femme
» dont la conduite, vous l'avouez vous-
» même, ne vous donna jamais la preuve
» quelle fût coupable; vous repoussez
» de vos bras votre fils... qui ne deman-
» dait qu'à vous aimer, à vous chérir...
» La nature m'a donné une vocation
» pour une autre carrière que la vôtre...
» mais quoi de plus commun dans le
» monde, où rarement les fils s'illustrent
» dans la même profession que leurs
» parens, où les talens et le génie ne
» sont jamais héréditaires? Ah! monsieur
» le baron, revenez à des sentimens
» plus justes, plus vrais, plus dignes de
» vous, et qui, j'ose l'espérer, ne sont pas

» entièrement étrangers à votre cœur !...
» La voix du sang se fait encore entendre
» dans votre ame... et le jour de ce
» duel... ce jour affreux, où vous étiez
» le témoin de mon adversaire... c'est
» elle, sans doute, qui vous obligea de
» ne point permettre un combat que
» vos yeux ne pouvaient supporter, et
» qui, malgré vous, aurait révolté la na-
» ture !...

» — En effet, monsieur, je ne cher-
» cherai point à le nier. Lors de votre
» duel avec M. de Follard, je m'étais d'a-
» bord promis de ne voir en vous qu'un
» étranger; mais, au moment où le com-
» bat allait s'engager, je ne pus m'em-
» pêcher de me dire : si c'était mon fils !...
» alors, vous avez vu avec quelle pré-
» cipitation je m'interposai entre votre
» adversaire et vous.

» — Éh bien! monsieur, cette voix
» secrète qui vous a parlé alors, n'est-
» ce pas celle de la Providence qui ne
» voulait pas qu'un père pût être témoin
» de la mort de son fils?... et après cela
» comment pouvez-vous encore me re-
» fuser ce nom?...

» — Vous oubliez, monsieur, votre
» conduite depuis ce temps... votre
» amour pour une femme que vous de-
» viez respecter.

» — Monsieur le baron, je vous le
» jure sur l'honneur, si j'éprouvai un
» instant le pouvoir des charmes de ma-
» dame d'Asveda, du moment qu'elle
» devint baronne de Harleville je n'eus
» plus pour elle que du respect.

» — Et c'est par respect que vous al-
» liez la trouver chez sa sœur rue Saint-
» Antoine? » s'écrie le baron en se levant

et marchant avec agitation dans la chambre.

« Je vous assure que ce n'est pas elle
» que je pensais trouver là!...

» — Quel mensonge!... Et, malgré
» mon ordre formel, c'est par respect
» encore que vous nous suivîtes à Gros-
» Bois; que, dans l'espoir de revoir Adèle,
» vous alliez entrer dans l'auberge où
» elle était?...

» — Ah! monsieur... si vous saviez
» quel motif... il y allait de votre for-
» tune, de votre vie peut-être... Vous
» n'avez donc pas reçu de lettre de Fol-
» lard?... vous ignorez donc qu'il s'est
» tué peu d'instans après votre départ
» de Gros-Bois?

» — J'ai appris sa fin; elle m'a peu
» étonné, et je n'ai reçu aucune lettre
» de lui. Mais la mort de Follard ne

» peut avoir aucun rapport avec votre
» conduite... Il y allait, dites-vous, de
» ma fortune... de ma vie... Je sais que
» vous faites fort bien des romans, mon-
» sieur; mais vous me dispenserez de
» croire à celui-là. Cessons un entretien
» qui me fait mal... Je vous le répète, il
» ne peut plus rien y avoir de commun
» entre nous, et vos visites, loin de m'ê-
» tre agréables, ne font que m'irriter
» encore.

» — Eh quoi!... quand le malheur
» vous accable, vous refuseriez de voir
» votre fils!...

» — Vous n'êtes point mon fils... Vous
» avez le droit de porter mon nom, je le
» sais... mais ma bouche ne vous le don-
» nera jamais. »

Ces paroles cruelles me glacent, me serrent le cœur. Je sens qu'il est inutile d'insister davantage. Le baron s'est jeté sur une chaise; il me tourne le dos, et ne semble plus vouloir me parler. Je prononce à demi-voix un adieu auquel il ne daigne pas répondre, et je sors de la prison sans lui avoir dit le principal motif qui m'y amenait. Mais je connais le baron, il aurait refusé sa liberté plutôt que d'accepter les secours de son fils.

Je ne me crois pas pour cela dispensé de remplir mon devoir. Mon père sera libre, sans savoir à qui il doit ce service; je ne veux pas que la reconnaissance soit un poids pénible pour son cœur.

Je vais trouver mon avoué, auquel je remets les fonds nécessaires pour que, dans les vingt-quatre heures, cette affaire soit terminée.

Le lendemain, on apprend à M. de

Harleville qu'il est libre. Il demande, presque avec colère, qui s'est permis de payer ses dettes; et, comme on ne peut le lui dire, il prétend ne pas vouloir accepter un service d'une main inconnue. Il veut rester en prison; mais, à Sainte-Pélagie, on ne garde pas les gens quand ils ne doivent plus, et, malgré lui, le baron est mis en liberté.

CHAPITRE XII.

DEUX INTÉRIEURS DE MÉNAGE.

Que les gens qui ne croient à rien, que les esprits forts (qui sont rarement les esprits jutes), plaisantent sur cette voix secrète qu'on nomme la conscience, parce qu'ils ont peut-être leurs raisons pour ne point vouloir l'entendre ; moi, je trouve qu'il y a en nous-mêmes quelque chose qui nous satisfait lorsque nous avons bien agi. J'éprouve cela quand je sais mon père libre, et dans cette jouissance, il n'entre aucune vanité; car ce que j'ai fait, personne ne le saura.

Cet événement va m'obliger à vivre beaucoup plus modestement, il me reste environ quinze cents francs de rente, et ce que je gagnerai; mais depuis quelque temps j'ai bien peu travaillé. Je dois d'abord me chercher un logement moins coûteux ; ensuite je bornerai ma dépense : je travaillerai davantage et je m'amuserai moins, ou peut-être m'amuserai-je plus ; car les plaisirs dispendieux ne sont pas toujours ceux qui procurent les plus douces jouissances.

Ah! je serais bien heureux encore si mon père me rendait sa tendresse, si je pouvais lui ôter cette pensée que j'ai été son rival... et détruire cette prévention que depuis long-temps il a contre moi!... Hélas! il a toujours été malheureux, et j'en ai été innocemment la cause. S'il m'avait appris plus tôt ce secret, je jure bien que j'aurais renoncé à cette profession qui réveillait sa jalousie; mais à présent comment faire pour regagner sa tendresse et détruire tous les soupçons qu'il a formés sur moi?

Pour me distraire de ces pensées, je me mets à chercher un logement; je m'arrête devant les écriteaux, je monte lorsque les maisons me plaisent, et lors même que les logemens ne me conviennent pas, je ne perds toujours pas mon temps en montant les escaliers, car, pour quelqu'un qui aime à observer, à étudier les mœurs, il y a beaucoup de choses à remarquer en allant voir des logemens.

Un jour je me trouve dans la rue des Petites-Écuries, j'entre dans une maison où je vois plusieurs écriteaux. Je demande au portier s'il a un logement de garçon.

« De garçon... si on veut ; nous en
» avons un où loge un ménage, mais ça
» n'est ni grand, ni cher, et ce serait
» peut-être l'affaire de monsieur. —
» Pouvez-vous me le montrer? — Mon-
» sieur, c'est que je suis seul à la loge
» pour le moment, mais montez au se-
» cond, à droite, il y a du monde: vous
» pourrez entrer et voir tout à votre
» aise... n'ayez pas peur de gêner... ce
» sont des gens si sales.... si peu ran-

» gés!... vous n'avez pas besoin d'user
» vos bottes sur leur paillasson, allez !..
» aussi nous leur donnons congé, parce
» que nous voulons du monde propre. »

D'après cela, je vois que je puis sans indiscrétion aller voir l'appartement du second. Je monte, je vais pour sonner; mais je m'aperçois que la porte est entr'ouverte; je la pousse en frappant doucement.

J'entends les cris d'un enfant en bas âge, mais personne ne vient, et je pénètre dans une petite pièce carrée où il y a quatre chaises, dont deux sont cassées, une jolie table à manger en acajou, sur laquelle est une cage avec des oiseaux, et une assiette ébréchée, contenant le restant de la pâtée d'un chien. Au milieu de la chambre, sont deux savates et une botte, puis un balai et un vase d'un usage très-nécessaire, et que je crois inutile de nommer.

Je reste au milieu de tout cela, ne sachant si je dois avancer ou reculer, je regarde le balai, les oiseaux, et je m'éloigne du vase dont le voisinage n'a rien de flatteur. J'entends toujours crier l'enfant, je me décide à frapper encore sur la table.

Une voix qui m'est bien connue crie de la pièce à côté :

« Entrez donc, je ne peux pas me déran-
» ger, moi, je soigne la bouillie au petit. »

J'ouvre alors une porte en face de moi. Je me trouve dans une espèce de chambre à coucher, assez élégamment meublée; mais où règne autant de désordre que dans la première pièce, quoiqu'il soit alors plus de midi. Le lit, qui est sans rideaux, n'est point fait; des vêtemens d'homme et de femme sont épars sur les meubles, sur un guéridon. Près des débris d'un déjeuner à la fourchette, est un peigne, une brosse à dents et un pot de pommade; le plumeau est sur le lit, et enfin sur une fort belle psyché sont jetées des couches d'enfant.

Un monsieur est assis dans un fauteuil à la Voltaire; ce monsieur est à moitié habillé; son pantalon, sans bretelles, tombe sur ses talons, sa veste n'est pas boutonnée; il est sans cravate, mais sa tête est encore coiffée d'un foulard; enfin il tient sur ses bras un poupon de trois à quatre mois, dont il semble très-embarrassé, parce qu'il faut aussi qu'il surveille la bouillie qui se fait au feu de la cheminée.

Avant qu'il se soit retourné, j'avais reconnu Adolphe. En me voyant, il fait un cri de surprise, et manque de laisser rouler son poupard dans les cendres.

« Tiens ! c'est monsieur Arthur... ah!
» quel hasard... Eh ben !... Dodore qui
» roulait dans le feu... Allons, soyez
» sage, Dodore, le nanan se fait. Com-
» ment! vous voilà, monsieur Arthur?..
» prenez donc une chaise, excusez si je
» ne me lève pas... c'est que je suis un
» peu embarrassé dans ce moment...

» —Oh! je serais désolé de vous dé-
» ranger!... je ne m'attendais pas à vous
» trouver ici, j'ignorais que vous y de-
» meurassiez. Je cherche un logement et
» j'étais monté pour voir celui-ci.—Je
» suis bien content que le hasard m'ait
» procuré le plaisir de vous voir... Ma
» femme est allée se baigner et m'a re-
» commandé l'enfant... Ah! c'est que je
» suis marié depuis que je ne vous ai

» vu…— Ah! vous êtes marié.—Oui,
» mon père étant mort, j'étais bien
» mon maître. Ma foi, je me suis dit, il
» faut faire une fin. Juliette est la femme
» qui me convient, elle est faite à mon
» caractère… ensuite… sa position…
» cet enfant… vous comprenez…—Oh!
» je ne vous blâme pas.—Mais asseyez-
» vous donc, je vous en prie. »

Je me retourne, et je cherche une chaise qui soit libre : cela était difficile à trouver; enfin, après avoir ôté le jupon et les bas sales qui étaient sur l'une d'elles, je m'assieds en face d'Adolphe que je ne puis me lasser de regarder tenant son enfant dans ses bras.

« Vous voyez, monsieur Arthur, un
» tableau de bonheur domestique… Voilà
» mon fils Théodore… il a trois mois…
» Hein, quelles joues! c'est solide ça…

» il s'est un peu barbouillé, mais c'est
» la santé des enfans.—Votre fils s'ap-
» pelle donc Théodore?—Oui... c'est
» une idée de ma femme... une bizarre-
» rie, car elle ne pouvait pas souffrir le
» Théodore que nous connaissions; mais
» après tout, c'est un nom comme un
» autre, et je n'ai pas voulu la contra-
» rier... J'appelle le petit Dodore, c'est
» plus doux... Il est bien gentil... trou-
» vez-vous qu'il me ressemble? — Ex-
» traordinairement. — Vous me faites
» plaisir, d'autant plus que vous êtes le
» premier qui me dise ça. Silence, Do-
» dore... silence, braillard... je ne peux
» pas te donner à téter moi.—Est-ce que
» votre femme nourrit? — Non, mais
» nous avons une nourrice sur lieux...
» Juliette dit que c'est très-bon genre...
» Elle est allée se baigner, aussi la nour-

» rice. Par exemple, c'est un peu cher
» tout cela; mais notre nourrice est une
» bonne fille; elle fait la cuisine, elle
» cire les bottes... elle fait tout ce qu'on
» veut... pourvu que je porte l'enfant,
» elle est contente.— Mais où la logez-
» vous donc ici?— Ah! il y encore une
» pièce là-bas... la cuisine où elle cou-
» che; mais nous sommes trop petitement
» ici, c'est pour cela que nous allons dé-
» ménager, et puis Juliette aime beau-
» coup à déménager... elle dit que ça
» nettoie les meubles. Aussi, depuis que
» nous sommes ensemble, voilà plus de
» douze logemens que nous faisons...
» Ah! mon Dieu... ah! polisson de Do-
» dore... qu'est-ce que tu as fait?... j'ai
» la main toute mouillée... Je crois qu'il
» faudrait le changer... Voudriez-vous
» avoir la complaisance de me passer

» une des couches qui sont sur la psy-
» ché. Mille pardons de la peine.—Com-
» ment!.. est-ce que vous savez changer
» un enfant?—Mais oui, ma femme
» prétend même que je m'y prends mieux
» qu'elle. Oh! mon Dieu, quand on
» veut s'en donner la peine!... ce n'est
» pas la mer à boire... Allons, voilà la
» bouillie qui se sauve à présent... At-
» tends, Dodore... reste là une minute,
» mon gros mignard. »

Adolphe pose sur le fauteuil à la Voltaire l'enfant qu'il vient de démailloter, et il va remuer et retirer la bouillie dont une partie s'échappe dans le feu... Pendant ce temps, le petit Dodore crie à nous fendre les oreilles, et son père en fait autant parce qu'il vient de se brûler en voulant goûter du gratin. Ce tableau du bonheur domestique et la vue de tout ce qui m'entoure seraient capables de m'ôter pour jamais le goût du mariage; et je ne veux pas rester plus long-temps chez Désigny.

Je me lève en disant adieu au père de famille; Adolphe court après moi en tenant son enfant et sa bouillie.

« Eh bien ! vous partez déjà, monsieur
» Arthur? — Oui ; je vous laisse à vos
» soins de ménage... — Mais vous n'avez
» pas été regarder l'autre pièce de notre
» logement... — C'est inutile... Cet ap-
» partement ne me conviendrait pas; il
» y a trop à y faire pour le rendre habi-
» table... — Vous trouvez?... C'est parce
» que vous le voyez sans que le ménage
» soit fait... il est vrai que nous le né-
» gligeons un peu depuis quelques jours;
» mais ma femme dit que ce n'est guère
» la peine de balayer ici puisque nous

» allons déménager. — On s'en aperçoit.
» — Voulez-vous goûter ma bouillie?...
» elle est bien bonne. — Je vous remer-
» cie. Adieu, Adolphe. Soyez heureux
» dans votre ménage : c'est tout ce que
» je désire. — Oh! je le suis... je le suis
» très-souvent, surtout quand ma femme
» est de bonne humeur. Je ne vous en-
» gage pas à venir nous voir, parce que
» je sais qu'entre ma femme et vous, il
» y a eu... une petite pique... Malgré
» ça, je suis sûr que ça ferait bien plaisir
» à Juliette si vous veniez. — Moi, je
» vous avoue que je préfère ne pas venir.
» Adieu. — Eh bien! adieu, monsieur
» Arthur. Quand Dodore marchera, j'i-
» rai le promener jusque chez vous. »

Je me hâte de sortir de chez Désigny en tâchant de me frayer un passage à travers les savates, les couches et les balais. En passant devant le portier, je lui dis que le logement ne me convient pas, et il répond en secouant la tête : « V'là l'effet qu'il fait à tout le monde » depuis que ce ménage de sagoins nous » l'a gâté... et encore que ça jette des » infamies dans les plombs que je ne suis » occupé qu'à les déboucher... Dieu de » Dieu!... trois ménages comme ces gens-» là, et ça donnerait le *choléra-forbus* » dans une maison! »

Je ne suis étonné ni du mariage d'Adolphe ni du rôle qu'il joue chez lui. Après ce que j'ai vu, tout cela devait arriver. Quelle sera la suite de ce mariage?... Je crains de le deviner : le malheur et la misère. Mais, telle chose qui arrive, je ne plaindrai point Désigny; il n'aura que ce qu'il mérite; et quand un homme se conduit comme il l'a fait, il me semble qu'il n'y a plus moyen de s'intéresser à lui.

Quelques jours après avoir vu ce tableau du ménage d'Adolphe, qui m'avait donné si peu de goût pour le mariage; en cherchant de nouveau un logement, j'entre dans une maison de la rue de Lancry, et le portier m'engage aussi à monter au troisième; le logement à louer étant habité par un jeune ménage, il y a, me dit-il, du monde pour le faire voir.

Tout en montant l'escalier, je me disais : « Si ce jeune ménage est le pen-
» dant de celui de Désigny, je jure bien
» que je resterai garçon. »

Je sonne à la porte que l'on m'a indiquée; car celle-ci est fermée au moins: cela m'annonce déjà plus d'ordre : je n'en suppose pas beaucoup chez les personnes qui laissent leur porte ouverte.

Une jeune femme, habillée simplement mais avec goût, vient m'ouvrir; elle tient un enfant dans ses bras; mais un enfant bien frais, bien propre, couvert de langes bien blancs. Je m'excuse de la déranger, en lui expliquant ce qui m'amène; elle m'engage très-poliment à entrer et à examiner le logement.

Je vois d'abord une petite salle à manger bien cirée, bien frottée; une table, un buffet et des chaises composent tout l'ameublement de cette pièce, mais on se mirerait dans tout cela. A gauche, est une cuisine, si bien rangée, si bien tenue, que l'on y mangerait volontiers, ce qui est très-rare dans les cuisines de Paris. Une cloison, placée dans la salle à manger, forme un petit cabinet de toilette très-commode; enfin, j'entre dans la chambre à coucher, qui fait aussi salon ; les meubles n'y sont pas aussi modernes, aussi beaux que ceux de chez Désigny ; et cependant, cette pièce semble plus riche, parce que tout est si soigné, si bien à sa place, que cela y donne un air d'élégance.

Il y a pourtant un berceau dans cette chambre ; mais ce berceau, placé au pied du lit, est recouvert de jolis rideaux de taffetas vert ; et, du reste, il n'y a rien dans cette pièce qui accuse la présence d'un enfant au maillot.

J'ai tout vu, et je vais me retirer, car je crains d'être indiscret ; cependant le logement me plaît beaucoup, et je ne serais pas fâché de savoir s'il n'a point quelque désagrément qui force ceux qui l'habitent à le quitter. Cette dame, s'apercevant que l'appartement me plaît, et, devinant, je crois, que je crains d'être importun, en lui demandant d'autres renseignemens, a la bonté de venir au-devant de mes questions.

« Monsieur, ce logement semble vous
» convenir? — Oui, madame. — Mais
» vous voudriez peut-être savoir s'il n'a
» pas quelque désagrément qui nous le
» fait quitter? — Madame... je crain-
» drais d'abuser de votre complaisance.
» — Pas du tout, monsieur; avant de
» louer un logement, il est bien naturel
» de prendre toutes ses informations; si
» vous voulez vous asseoir, monsieur,
» je vous demanderai la permission d'en
» faire autant... car mon fils me fatigue
» un peu à porter... — Ah! madame...
» je suis désolé de vous avoir tenue de-
» bout si long-temps. »

Cette dame me montre un siége, puis

s'assied elle-même devant la cheminée; et, après avoir tendrement embrassé son enfant, le place sur ses genoux de manière à le bercer doucement. Je regarde tout cela, et j'admire cette jeune mère, non-seulement parce qu'elle est fort jolie, mais aussi parce que je trouve qu'une femme a infiniment plus de grace qu'un homme à tenir un enfant.

« Monsieur », me dit cette dame, « il
» n'y a que trois mois que nous habitons
» ce logement, mon mari et moi, et, si
» nous le quittons si vite, ce n'est pas
» qu'il nous déplaise; bien au contraire,
» nous en éprouvons même des regrets.
» Mais nous étions venus nous loger ici
» pour être plus près du bureau de mon
» mari, qui travaille dans une maison
» de commerce, et, aujourd'hui, voilà
» qu'il vient de trouver une place beau-

» coup plus avantageuse dans une maison
» de banque; mais c'est à la Chaussée-
» d'Antin, près de la Madeleine, et je
» veux aller demeurer par-là; car mon
» mari est souvent obligé de retourner
» le soir à son bureau, et je ne veux pas
» qu'il ait une si grande course à faire!...
» on est trop long-temps en route; c'est
» tout cela qu'on a de moins à se voir!...
» et moi je m'ennuie quand je suis long-
» temps sans voir mon mari, et inquiète
» quand je le sais loin de moi. »

Tout cela m'a été dit avec une franchise, un naturel qui me charment; on voit que cette jeune femme a aussi du plaisir à parler de son mari; elle m'en paraît encore plus jolie, car tout en aimant les femmes des autres, on n'en admire pas moins celles qui ne veulent être que la femme d'un seul.

« Ainsi, madame, il n'y a ici aucune
» autre raison de local qui vous engage
» à déménager. — Non, monsieur, cette
» maison est bien tranquille, bien tenue,
» et, sans le changement de bureau de
» mon mari, nous y serions sans doute
» restés long-temps ; nous le pensions si
» bien que nous avions fait quelques dé-
» penses, quelques changemens ici : par
» exemple la cloison, qui fait un cabinet
» de toilette dans la première pièce,
» n'existait pas quand nous sommes en-
» trés ici; nous l'ôterons si elle ne con-
» vient pas à la personne qui prendra ce
» logement.

» —Je la trouve fort commode au con-
» traire, et je m'en arrangerai avec vous,
» madame. — Oh! monsieur, ce sera
» alors à mon mari qu'il vous faudra
» parler, car moi je n'entends rien aux

» affaires d'argent, de comptes; et quoi-
» que celle-ci soit bien peu de chose, je
» serais fort embarrassée pour vous dire
» ce que cette cloison a pu ou peut va-
» loir. Je ne suis bonne qu'à soigner mon
» ménage et mon enfant.

»— Ah! madame, je ne trouve rien
» au-dessus d'une femme qui n'est bonne
» qu'à cela.

»— C'est que probablement vous êtes
» marié, monsieur.—Non, madame, mais
» vous me raccommodez avec le mariage
» pour lequel j'avais peu de penchant.
» —Ah! monsieur, c'est un si grand bon-
» heur de vivre avec quelqu'un que l'on
» aime, qui vous aime.. il n'y a que
» dix-huit mois que je suis la femme
» d'Auguste, mais, pour lui comme pour
» moi, je suis bien sûre que ce temps a
» paru bien court, et à présent que nous

» avons un enfant, est-ce qu'il est possible
» que nous connaissions jamais l'ennui !..
» Mon fils n'a que sept mois, mais il res-
» semble déjà beaucoup à son père...
» Oh! mon Dieu, monsieur, je vous
» dis tout cela, comme si cela pou-
» vait vous intéresser !... excusez-moi,
» mais je suis si heureuse d'avoir un
» fils !... mon mari me dit que j'en perds
» la tête !... mais je vois bien qu'il en est
» tout aussi aise que moi.

Je me lève, car je crains d'être importun, et je demande à cette dame à quelle heure on peut voir son mari.

« Monsieur, sur les cinq heures jus-
» qu'à sept, si cela ne vous dérange pas;
» vous serez sûr alors de le trouver. —
» Eh bien ! madame, demain vers cinq
» heures, j'aurai le plaisir de voir mon-
» sieur votre mari. »

Je prends congé, on me reconduit fort poliment, et je m'éloigne enchanté du logement, enchanté de cette dame, et surtout de ce tableau du bonheur conjugal qu'elle vient d'offrir à mes yeux. Son Auguste doit être bien heureux; je suis sûr que sa jeune femme ne s'occupe qu'à lui plaire, qu'à prévenir ses désirs. Sans doute il le mérite et l'aime bien aussi; c'est probable, car ce ne sont guère que les maris aimables qui sont aimés... mais il n'y en a pas beaucoup d'aimables.

Le lendemain, vers cinq heures, je retourne rue de Lancry, afin de voir M. Auguste, et m'arranger avec lui de sa cloison.

La jeune dame que j'ai trouvée la veille vient m'ouvrir, et me reçoit déjà comme une connaissance. Moi, je sais gré aux personnes qui sont sans façon avec moi ; je trouve que c'est une manière aimable de mettre le monde à son aise.

On me fait entrer dans la chambre à coucher. Un jeune homme est assis devant un bureau ; la jeune dame lui « dit : a Auguste, voilà ce monsieur qui » est venu hier, et auquel ce logement » convient. »

Le jeune homme se lève, me salue et vient à moi. Je le regarde, et tout aussitôt je me sens troublé, oppressé, je ne sais plus ce que je veux dire, ce que je viens faire, car j'ai reconnu dans ce monsieur celui qui donnait le bras à Clémence, celui qui a descendu l'escalier lorsque je montai chez elle.

Je ne sais si l'on s'aperçoit de mon trouble, mais on m'offre un siége. J'accepte ; je tâche de me remettre ; et, pendant que M. Auguste me parle cloison, menuiserie et mémoire de serrurier, je me rappelle Clémence, cette rencontre, ces baisers que j'ai entendus, puis tout ce que cette jeune femme m'a dit hier de son heureux ménage, de son bonheur domestique. Marié depuis dix-huit mois seulement, son mari aurait déjà une maîtresse! je sais bien que cela s'est vu; mais alors rendrait-il sa femme aussi heureuse? se plairait-il autant dans son ménage?

Pendant que je fais ces réflexions, il est probable que je réponds tout de travers à ce que me dit ce monsieur; car il sourit en me répétant : « Ainsi, mon- » sieur, ce logement ne vous convient » plus? — Pardonnez-moi, monsieur; » pardonnez-moi. — Et vous garderez la » cloison pour quatre-vingt-dix francs? » — Oui, monsieur... oh! ce que vous

» voudrez. — Elle m'en a coûté cent
» vingt; je vous montrerai les mémoi-
» res. — Oh! c'est inutile, monsieur,
» je m'en rapporte entièrement à vous.
» — Alors, c'est une affaire conclue? —
» Oui, monsieur. »

Quoique l'affaire qui m'amenait soit terminée, je ne voudrais pas m'en aller encore, je voudrais amener la conversation sur un autre sujet, et je ne sais comment m'y prendre. La jeune femme est là, je serais désolé de lui causer la moindre peine, d'éveiller sa jalousie; d'ailleurs que demanderai-je à son mari!... Je ne sais comment faire, je l'examine, je regarde sa femme, son enfant, et je me tais.

M. Auguste vient heureusement à mon secours en disant : « Je vous avoue que
» je n'aime pas du tout déménager; il

» faut une circonstance semblable pour
» nous faire quitter. Avant d'être ici,
» nous demeurions au Marais, rue Saint-
» Claude, et certainement nous avons
» eu beaucoup de regret de quitter, mais
» c'était encore pour nous rapprocher
» de mon bureau.

» — Ah! vous demeuriez rue Saint-
» Claude au Marais?...

» Oui, » dit la jeune femme, « et je
» regrette surtout une voisine fort ai-
» mable, dont je me suis séparée avec
» bien de la peine... — Une voisine...
» dans votre maison? — Sur le même
» carré que nous, nous logions au troi-
» sième comme ici. »

Ah! de quel poids je me sens soulagé! Ils logeaient dans la maison, sur le même carré que Clémence; ces baisers que j'ai entendus, c'était à sa femme qu'il les donnait, et ce jour où Clémence est sortie avec lui, je me rappelle maintenant qu'elle a regardé aux fenêtres de la maison, et souri à une dame qui y était... Je comprends, je devine tout! Clémence m'aime toujours; elle ne m'a pas été infidèle; je la soupçonnais à tort. Je ne saurais dire quelle joie remplit mon cœur; et il n'a fallu qu'une minute, qu'un moment pour dissiper tous mes soupçons.

Cependant, pour être plus certain de ne point me tromper, je dis à mon tour: « J'ai connu une dame qui habitait dans » la rue que vous venez de me nom- » mer... elle se nommait Clémence Des- » mares. — Mais c'est justement la voi- » sine dont nous vous parlions, qui lo- » geait sur notre carré. — Oh! une bien » aimable, bien gentille dame!... Elle

» était souvent triste, et nous faisions
» tous nos efforts pour l'égayer, mon
» mari et moi; elle ne sortait jamais, ne
» recevait personne... elle lisait beau-
» coup, c'était son seul plaisir; mais,
» monsieur, serait-il indiscret de vous
» demander votre nom?.. — Arthur,
» madame. — Quoi! vous êtes monsieur
» Arthur!.. Oh! nous vous connaissons
» alors... par vos ouvrages du moins, car
» cette dame les aime beaucoup et les li-
» sait toujours. »

En achevant ces mots, cette dame sourit et regarde son mari qui sourit aussi. Je devine que Clémence a laissé deviner ses secrètes pensées, et je n'en suis que plus heureux; elle parlait de moi, elle ne m'avait donc pas oublié; et moi je l'ai abandonnée, je l'ai crue coupable! je n'ai pas même voulu qu'on lui apprît où j'étais!

Je me lève précipitamment, je prends congé des jeunes époux, je me donne à peine le temps de les saluer, et me voilà dans la rue, puis sur les boulevarts, marchant ou plutôt courant sans m'arrêter jusqu'à la rue Saint-Claude, n'ayant qu'une pensée, qu'un désir, voulant revoir Clémence, et la supplier de me pardonner.

J'entre dans sa maison, je crie au portier : « Madame Desmares, » et je monte lestement l'escalier. Arrivé au troisième, je sonne à la première porte et j'attends avec impatience que l'on m'ouvre. Si elle allait me recevoir mal... Oh! non, je me jetterai à ses pieds, à son cou; je l'embrasserai tant, qu'il faudra bien qu'elle m'aime encore.

On est bien long à m'ouvrir. Ah! j'entends venir, enfin... mais quelle marche lente... il me semble que ce n'est point celle de Clémence. Je ne me trompais pas, c'est une vieille femme qui m'ouvre la porte.

« Madame Desmares?—C'est ici, mon-
» sieur. — Elle est chez elle?... — Oui,
» monsieur... mais on ne peut pas la
» voir en ce moment. — Pourquoi cela?
» — Monsieur ignore donc que madame
» Desmares est malade, bien malade de-
» puis cinq jours? ça lui a pris par la fiè-
» vre, puis cela a redoublé, puis le dé-
» lire s'en est mêlé, et elle n'est pas bien
» du tout...

» — Oh! n'importe, madame, je suis
» son ami, son frère, celui qui l'aime le
» plus au monde; je la verrai, et, il y a
» plus, je la soignerai, je veillerai près
» d'elle, je ne la quitterai plus qu'elle
» ne soit rétablie. »

Tout en disant cela, j'entre, je traverse une petite pièce, et je pénètre dans une autre. La vieille femme me suivait, tout étonnée de me voir agir ainsi, et ne sachant si elle devait ou non s'y opposer.

Clémence est couchée ; j'approche de son lit, j'entr'ouvre les rideaux. Elle repose, mais sa respiration est pénible, son sommeil est bien agité. Comme elle est changée! le chagrin, la maladie, ont déjà bien altéré ses traits. Je dépose un baiser sur son front, en tâchant de ne point l'éveiller. La vieille femme me regarde faire, en ouvrant de grands yeux.

Je referme les rideaux et m'adresse à elle : « Êtes-vous garde-malade, madame?
» — Non, monsieur, mais je demeure
» dans la maison, tout en haut ; j'ai su
» que cette jeune dame était malade,
» qu'elle était seule, je suis venue la
» soigner. — Ah! je vous en remercie

» mille fois! — Encore, c'est que ma-
» dame Desmares ne voulait pas d'abord
» que je restasse près d'elle. Elle me re-
» merciait en disant : Je n'ai besoin de
» rien, ça se passera. Mais moi je voyais
» bien à ses yeux, à son pouls que ça ne
» se passerait pas si vite. — Et vous avez
» fait venir un médecin? — Mon Dieu,
» non ; cette dame ne l'a jamais voulu...
» et depuis hier seulement qu'elle a le
» délire, je ne savais trop que faire moi;
» et puis, dame! quand on n'est pas
» riche... — Ah ! madame, de grace, al-
» lez vite chercher, demander un méde-
» cin de ce quartier, qu'il vienne sur-le-
» champ. Tenez, voici de l'argent ; pre-
» nez, de grace ; vous pouvez en avoir
» besoin pour acheter ce qu'il ordon-
» nera ; allez, allez vite. ». La vieille
femme sort. Après avoir fait cinq ou six

tours dans la chambre, je m'assieds près du lit de Clémence. Je regarde autour de moi ; Clémence est malheureuse, je crains de le deviner !... Sans doute son mari lui donne à peine de quoi vivre, et elle est trop fière pour lui demander plus ; et moi, son amant, son seul ami, moi qui suis cause de son infortune, je l'accusais, je la maudissais, je ne voulais plus la voir !...

La vieille revient avec un médecin ; il regarde la malade, défend qu'on l'éveille, écrit une ordonnance, et promet de revenir. Moi je suis bien décidé à rester là, toujours près d'elle jusqu'à ce qu'elle ait recouvré la santé.

La vieille femme ne se permet plus aucune réflexion ; elle m'obéit aveuglément, et je vois qu'elle me prend pour le mari de Clémence.

La nuit est venue. J'engage la bonne voisine à aller prendre du repos chez elle ; je veillerai seul près de la malade. La vieille ne s'éloigne qu'après m'avoir bien recommandé Clémence. Me la recommander !... ah ! personne au monde ne la veillerait mieux que moi !

Clémence parle en rêvant. Mon nom est plusieurs fois sorti de ses lèvres ; alors je l'embrasse tendrement : il me semble que cela doit lui faire du bien. Je lui ai fait prendre quelques cuillerées de la potion qu'on a ordonnée. La nuit s'écoule ainsi. Elle me semble longue, car Clémence paraît toujours souffrir. Mais au point du jour elle devient plus calme ; un sommeil plus doux s'est emparé d'elle, et moi, en la regardant dormir et respirer plus librement, je me figure que ce sont mes baisers, plutôt que la potion du médecin, qui ont produit ce bien-là.

Que de réflexions m'assiégent pendant toute cette nuit! En regardant autour de moi, puis en reportant les yeux sur cette femme adorée qui est là, couchée; je sens que je voudrais être riche pour l'entourer de soins, de bien-être; pour qu'elle n'ait plus aucun vœu, aucun désir à former.

Je ne me repens pas de ce que j'ai fait pour mon père, mais je suis désolé de n'avoir plus que de quoi vivre modestement... Enfin rendons d'abord la santé à Clémence; nous songerons après à lui procurer l'aisance qu'elle n'a plus.

Sur les sept heures elle s'éveille. Ses rideaux sont tirés; mais j'entends sa voix; elle appelle sa voisine : le délire l'a quittée. Si ma présence allait lui faire du mal?... Non. Il me semble, au contraire, que cela la guérira tout-à-fait.

« Êtes-vous là, madame Gervais? » murmure-t-elle d'une voix faible.

« — Non... Madame Gervais est allée
» se reposer. — Mais qui donc est là?...
» qui donc me parle alors?...

» — Quelqu'un qui depuis long-temps
» avait bien envie de vous voir... quel-
» qu'un qui vous aime de toute son
» ame... mais qui fut bien coupable...
» et qui craint que vous ne soyez fâchée
» contre lui.

» — Oh! mon Dieu! quelle voix!...
» Si je ne me trompais pas... je serais si
» heureuse!... Arthur... Arthur... est-
» ce vous?... »

J'ai ouvert les rideaux; et, pour toute réponse, je l'entoure de mes bras, je la presse contre mon cœur. Pendant quelques minutes, nous sommes trop émus, trop heureux pour pouvoir parler.

Clémence verse des larmes, mais celles-là sont de joie; puis elle balbutie : « Arthur... quoi! c'est toi!... comment » se fait-il?... — Je suis là depuis hier; » j'ai passé toute la nuit à tes côtés. — » Ah! c'est donc cela que je me suis » sentie si bien. — Chère Clémence! — » Tu m'aimes donc encore! — Plus que » jamais! et si tu n'as pas entendu parler » de moi depuis long-temps, c'est que je » croyais aussi, moi, que tu ne m'aimais » plus. — Ne plus t'aimer!... oh! mon » Dieu!... est-ce possible?... Et tu as pu » croire cela? — Oui, et cela m'a rendu » bien malheureux!... Depuis ce jour où » je vous avais vue sortir donnant le bras » à un autre homme... — Oh! je me le » rappelle bien, ce jour-là, et j'en ai eu

» assez de regrets. Je vous avais aperçu
» dans la rue avec un monsieur; vous
» étiez arrêté, vous regardiez les mai-
» sons. Alors... je savais que vous aimiez
» une autre femme... que vous m'aviez
» oubliée. Je voulus cependant m'assurer
» si je vous étais devenue totalement in-
» différente; je mis à la hâte un chapeau,
» un schall; puis je priai le mari d'une de
» mes voisines de vouloir bien me donner
» le bras jusqu'au boulevart. Nous pas-
» sâmes devant vous... Mais quand je
» vous vis attacher vos regards sur moi,
» quand je crus y remarquer du trouble,
» de la douleur, ah ! je fus sur le point
» de quitter la personne qui avait bien
» voulu m'accompagner et de voler vers
» vous ; mais je me dis : Il me repoussera
» peut-être!... et voilà pourquoi je ne le
» fis pas. »

J'embrasse de nouveau Clémence; puis je lui apprends comment j'ai fait connaissance avec ses anciens voisins ; je lui conte tout ce que j'ai éprouvé, tout ce que j'ai fait depuis que je ne l'ai vue. je ne lui cache rien, ni mes fautes, ni mes peines ; avec une femme que l'on aime sincèrement il ne faut pas avoir d'arrière-pensées.

La vieille voisine vient pendant que nous causons encore ; elle est toute surprise de voir à Clémence l'œil bon et le sourire sur les lèvres.

« Oh ! je suis guérie, » lui dit Clémence.
« — Il paraît, madame, que cette potion
» vous a fait grand bien!... »

Clémence me regarde en murmurant :
« C'est vous qui m'avez rendu la santé !
» — Mais pendant que tu étais malade
» pourquoi n'avoir pas fait avertir ma-

» dame Auguste qui t'aime tant? — Oh!
» je sais bien qu'elle aurait tout quitté
» pour venir me soigner... mais elle est
» mère, elle nourrit, je ne voulais pas
» qu'elle se dérangeât, qu'elle se fatiguât
» pour moi. D'ailleurs je tenais si peu à
» la vie!... je pensais que tu m'avais en-
» tièrement oubliée et j'aimais autant
» mourir. Maintenant... je ne pense plus
» de même... et il me semble déjà que
» le bonheur m'a rendu les forces et la
» santé. »

Le contentement du cœur est en effet un des meilleurs remèdes aux souffrances physiques. Clémence l'éprouve, le mieux qu'elle ressent ne fait que continuer les jours suivans. Cependant, obligé de m'absenter quelquefois, je ne veux pas que la vieille voisine la quitte, tant qu'elle est encore faible. Mais enfin, quand Clémence est tout-à-fait rétablie, et qu'un léger incarnat a remplacé la pâleur qui couvrait son visage, oh! alors je suis le premier à congédier la bonne femme; sa présence est tout-à-fait inutile pour ce qui me reste à faire avec Clémence.

CHAPITRE XIII ET DERNIER.

L'ADJOINT DU MAIRE.

Clémence a entièrement recouvré la santé; elle est jolie, aimante, bonne comme autrefois; et je crois que je la chéris cent fois plus encore, car j'ai eu occasion de savoir que les femmes qui nous aiment réellement sans caprices, sans coquetterie, sont aussi les seules près desquelles nous sommes vraiment heureux.

Je me suis informé de la situation de mon père; j'ai appris qu'après être sorti de prison, il avait vu de nouveau accourir près de lui ses hautes connaissances, ses amis du grand monde, presque tous gens titrés comme lui, qui ne lui auraient pas avancé un sou pour sortir de prison, parce que ces personnes-là n'aiment pas à prêter de l'argent, ce qui, d'ailleurs, leur serait souvent difficile, mais qui se sont empressées de lui offrir leur appui, leur crédit près des ministres et des personnages en faveur : car il ne faut pas croire que les hommes obligeans soient rares; au contraire, entre gens de la même caste, on aime à se rendre service, à se soutenir mutuellement;

mais il ne faut pas que cela aille jusqu'à prêter de l'argent; c'est là que viennent échouer les meilleures dispositions.

Par le crédit de ses amis, et grace au nom honorable qu'il porte, le baron de Harleville vient d'être nommé à un emploi important dans la maison du roi ; et, ce qui est mieux, c'est qu'il a daigné accepter. Le voilà donc en faveur, en crédit, et à même surtout de faire des heureux ; car, sa charge le mettant continuellement en relation avec les gens en place, il lui est facile d'en obtenir ce qu'il leur demandera. Mais je connais le baron, et je suis certain qu'il n'emploiera jamais son crédit que pour les personnes qu'il en jugera dignes.

Tranquille sur le sort de mon père, pouvant maintenant voir Clémence chaque jour, et passant près d'elle tout le temps que je ne donne pas au travail, je devrais être entièrement heureux ; mais il y a encore quelque chose qui trouble mon bonheur, qui m'afflige au fond de l'ame, et que je ne sais comment faire cesser.

Je me suis aperçu que Clémence est dans la gêne, qu'elle s'impose mille privations ; elle a essayé, mais en vain, de me le cacher. Entre nous, il ne peut y avoir de mystère ; nous devinons ce que nous ne nous disons pas. Je l'ai priée, suppliée de partager ce que je possède encore ; elle m'a refusé, refusé avec fierté, avec fermeté ; elle ne veut de moi que mon amour ; elle m'a dit qu'elle se fâcherait si je lui faisais encore de semblables propositions. J'ai été obligé de me taire ; mais cependant je me désole de ne pouvoir changer sa situation.

Un soir je l'ai quittée tard; elle est encore faible des suites de sa maladie, elle a besoin de repos, elle m'assure qu'elle va s'y livrer. Je m'éloigne, mais je suis inquiet, agité, et, au bout d'une demi-heure, quelque chose me ramène chez Clémence.

Je la trouve encore levée, travaillant près de sa lampe, usant ses yeux sur ces ouvrages de femme qui demandent tant de temps et rapportent si peu. Je lui arrache sa broderie en m'écriant :

« Clémence! vous voyez bien que
» vous me trompez... vous vous tuez
» pour gagner quelques sous... et vous
» refusez mes services!...

» — Arthur, je rougirais devant vous
» si j'étais à votre charge... Je sais que,
» pour payer les dettes de votre père,
» vous avez été obligé à de grands sacri-

» fices... et, d'ailleurs, je ne veux pas
» être entretenue!...

» — Quel mot prononcez-vous là!...
» Votre fierté est déplacée, ridicule!...
» quand on s'aime comme nous nous ai-
» mons, tout doit être commun...

» Mais, mon Dieu, je suis heureuse!
» je vous vois tous les jours, vous m'ai-
» mez, c'est tout ce que je demande...
» Je suis bien la maîtresse de travailler,
» j'espère!...

» — Non, vous n'êtes pas maîtresse
» d'altérer votre santé, de prendre sur
» votre repos... si vous le faites, c'est
» que vous y êtes forcée. De grace, ré-
» pondez-moi franchement, combien vo-
» tre mari vous donne-t-il de pension?...

» — Mais... — Et ne me mentez pas, ou
» je me fâche aussi. — Il me donne...
» quatre cents francs... — Quatre cents

» francs!... un homme qui a quinze
» mille francs de rentes!... — J'ai été
» coupable... je n'ai pas le droit de me
» plaindre... — Quatre cents francs!...
» Pauvre femme!... et on veut que vous
» viviez avec cela!... — En travaillant
» beaucoup, je puis en gagner à peu près
» autant. Cela me suffirait; mais si je suis
» un peu gênée, c'est ma maladie qui
» en est cause... et puis monsieur Mon-
» carville ne m'envoie pas toujours exac-
» tement ce qu'il doit me donner... —
» C'est-à-dire que, non content de vous
» laisser dans la misère, il ne vous donne
» pas encore le pain qu'il vous promet!...
» — Arthur... je dois souffrir en silence;
» tout cela est la suite de ma faute...
» mais puisque je ne me plains pas, puis-
» que je me trouve heureuse, moi. — Si
» vous avez été coupable, j'en suis la

» cause; c'est donc à moi de vous tirer
» de cette pénible position... Vous ne
» pouvez rester dans cette situation.
» Vous refusez de rien accepter de moi.
» mais vous ne refuseriez pas une
» pension convenable que vous ferait
» votre mari... Eh bien! c'est à moi de
» l'obliger à vous traiter avec moins
» d'inhumanité. — Que dites-vous?...
» que voulez-vous faire?... — Ne crai-
» gnez rien ! je sais que je ne puis moi-
» même m'adresser à votre mari... aussi
» n'est-ce pas moi qui lui parlerai...
» Mais vous m'avez dit, je crois, que
» M. Moncarville était lié avec un certain
» M. de Gérancourt, qu'il avait pour lui
» beaucoup de considération ? — Oui,
» ce M. de Gérancourt a jadis rendu
» différens services à mon mari; je crois
» même qu'ils sont alliés, et M. Mon-

» carville a en lui la plus grande con-
» fiance; mais ce M. de Gérancourt,
» qui est devenu conseiller-d'état, est
» un homme fier, hautain, et qui ne
» s'intéressera nullement à moi.—Peut-
» être... laissez-moi faire, Clémence, et
» fiez-vous à moi. »

Je me suis beaucoup avancé, car je ne connais que fort peu ce M. de Gérancourt; je l'ai rencontré quelquefois en société, et il m'avait assez légèrement engagé à l'aller voir; mais alors il était moins en faveur... N'importe... pour être utile à Clémence, ne dois-je pas tout tenter?... Dès le lendemain, j'irai chez le conseiller.

Il m'en coûte pour aller solliciter: si c'était pour moi, je n'en aurais pas le courage; mais il s'agit de Clémence, je ne dois pas balancer. Le lendemain, j'ai fait toilette, et, sur le midi, je me rends chez M. de Gérancourt. J'entre dans un premier salon, où j'aperçois une douzaine de personnes qui attendent leur tour, pour être introduites dans le cabinet de l'homme en place.

Quel triste métier que celui de sollicteur! je m'assieds dans un coin, et je tâche de prendre patience. Mais une heure s'écoule, tous ceux qui sont là n'ont pas été introduits; et cependant, de temps à autre, arrivent quelques gens titrés qui se font annoncer, et, sans attendre, pénètrent sur-le-champ dans le cabinet de M. le conseiller. Je veux essayer d'en faire autant: je m'adresse à un valet, et le prie de dire à son maître que M. Arthur aurait un mot à lui dire.

Le valet va faire ma commission; mais

il revient m'annoncer que son maître est occupé et ne peut m'entendre en ce moment. Ah! je conçois bien qu'en ne s'appelant que Arthur, on ne doit pas espérer d'être introduit avant les autres. Je m'éloigne la colère dans le cœur ; j'envoie au diable les gens en place, qui n'ont d'égards que pour les titres, et je suis bien tenté de ne pas retourner chez M. de Gérancourt.

Mais est-ce donc ainsi que je serai utile à Clémence?... Ah! il faut de la persévérance... du courage ! Je me rappellerai que celle que j'aime s'impose mille privations, et je ferai antichambre chez M. le conseiller.

Je suis retourné chez M. de Gérancourt; la salle où l'on attend est encore occupée par beaucoup de monde. Je vais m'asseoir, décidé à ne pas m'éloigner comme la première fois. Le valet auquel j'ai parlé la veille va et vient en jetant sur nous des regards impertinens ; il présume sans doute que nous attendons en vain, et que son maître n'aura pas encore le temps de nous recevoir.

Je suis assis près d'un petit homme qu'à son costume, à ses manières, il est facile de reconnaître pour un habitant de la campagne. Il semble avoir envie de causer, et ne tarde pas à m'adresser la parole.

« C'est ben ennuyeux d'attendre; pas
» vrai, monsieur. — Oui, c'est fort en-
» nuyeux. — Encore vous, qui êtes de
» Paris, vous êtes peut-être fait à ça.
» Mais moi qui habite la campagne, ça
» me dérange de venir comme ça... et
» encore v'là trois jours de suite que je
» passe des heures ici ; et puis quand
» j'espère parler à M. le conseiller, on
» me dit qu'il ne reçoit plus... qu'il est

» trop tard... c'est ben désagréable...
» encore s'il s'agissait de ma propre af-
» faire... mais c'est pour ma commune
» que je trime comme ça. — Vous êtes
» quelque chose dans votre commune?—
» Adjoint du maire, et comme le maire
» à la goutte, c'est moi qui trotte. »

J'allais demander à l'adjoint du maire quelle commune il administrait, lorsque la porte du salon s'ouvre avec violence; un homme entre... c'est mon père. Il passe devant moi, ne peut réprimer un mouvement de surprise en m'apercevant, puis dit au valet de chambre :

« Allez annoncer le baron de Harle-
» ville. »

Le valet est parti. Je baisse les yeux, et ne puis retenir un soupir en songeant que le nom de mon père, ce nom qui est bien le mien m'aurait déjà cent fois ouvert la porte du cabinet de l'homme en place.

En effet le valet revient bientôt dire : « Monsieur le baron de Harleville peut » entrer. »

Le baron va pénétrer dans le cabinet de M. de Gérancourt lorsque mon voisin, l'adjoint du maire, se lève et court à mon père, en lui criant :

« Pardon, monsieur; un instant, s'il
» vous plaît... voilà deux fois que j'en-
» tends prononcer votre nom... il me
» semble que c'est ben celui d'une per-
» sonne pour qui j'ai là une lettre dans ma
» poche.. Oh ! dame, il y a déjà plusieurs
» mois que j'ai c'te lettre, mais je ne sa-
» vais pas où vous trouver... ce Paris
» est si grand, et puis il n'y a pas d'a-
» dresse. »

Tout en disant cela, l'habitant de la campagne fouillait dans ses poches, et, parmi une foule de choses, tâchait de trouver sa lettre.

Mon père s'était arrêté ; il regardait l'adjoint du maire et semblait douter que cet homme eût vraiment affaire à lui ; il lui répond d'un ton d'impatience :

« Je ne comprends pas ce que vous
» voulez me dire, monsieur; si vous avez
» une lettre pour moi, qui vous l'a re-
» mise?—Oh! dame... c'est toute une
» histoire... D'abord faut vous dire que je
» sommes adjoint du maire à Boissy-Saint-
» Léger... Connaissez-vous not endroit? »

Au nom de Boissy-Saint-Léger, le baron a pâli; moi-même, qui d'abord prêtais peu d'attention à cette conversation, je me sens troublé; ce nom me rappelle tant de souvenirs que je prête une oreille attentive.

« Oui, monsieur, oui... je connais
» votre pays... j'y ai passé... » dit le baron à demi-voix et en cherchant à entraîner le paysan dans un coin du salon, mais celui-ci continue de parler très-haut, suivant l'habitude des gens de la campagne.

« Eh ben! monsieur, je sommes ad-
» joint du maire, je venons ici pour une
» coupe de bois, une affaire de la com-
» mune; mais toutes les fois que je ve-
» nions à Paris, j'avions votre lettre
» dans ma poche, parce que monsieur le
» maire me disait : Si tu découvres par
» hasard ce baron de Harleville, tu feras
» la commission de ce pauvre jeune
» homme qui s'est tué dans notre vil-
» lage... il y a cinq mois à peu près.

» — Il y a cinq mois, dites-vous... at-
» tendez... n'est-ce pas le 24 de septem-
» bre..?. — Ma foi, je crois que oui... si
» ben que c'est à l'auberge qui est sur la
» place, que ce malheur a eu lieu... Un
» jeune homme bien couvert, ma foi...
» et qui avait sept francs dans son gous-
» set... Ah! la v'la c'te chienne de let-
» tre!... elle est un peu salie... mais
» dam' depuis le temps qu'elle se pro-
» mène dans notre poche...

» — Donnez... donnez, monsieur...
» — Voyez si c'est ben votre nom. —
» Oui... elle est bien pour moi! — Alors
» vous êtes sans doute le voyageur qui
» s'était arrêté ce même jour-là cheux
» nous avec une dame, dans une belle
» voiture... — Oui... oui... c'est moi...
» — Ma fine, je sommes ben content
» d'avoir enfin fait la commission de ce
» pauvre garçon. »

Le baron a pris la lettre avec beaucoup de trouble, il s'est retiré pour la lire dans un coin du salon. Moi, qui ai entendu tout ce dialogue, je me sens vivement agité, car je ne sais pourquoi il me semble que la lettre de ce malheureux Follard doit m'intéresser aussi. Je ne perds point le baron de vue : tout en lisant, je le vois très-ému, et de temps à autre il porte ses yeux sur moi, et ce ne sont plus des regards courroucés, sévères comme autrefois ; il me semble y lire de l'amitié, de la tendresse, mais je n'ose y croire encore.

Le valet de chambre sort de chez son maître, et, s'adressant à moi ainsi qu'aux personnes qui attendaient depuis long-temps, il nous dit :

« Il est inutile que l'on attende davan-
» tage, monsieur le conseiller est trop oc-
» cupé, il ne recevra plus personne au-

» jourd'hui, excepté M. le baron de
» Harleville. »

Chacun se dispose à se retirer, je vais en faire autant, lorsque mon père vient à moi, me prend la main, et dit au valet :

« Annoncez aussi à votre maître mon fils, M. Arthur de Harleville. »

Je ne puis rendre ce que j'éprouve ; je me sens trembler, oppresser ; le plaisir, le saisissement m'empêchent de parler ; tous les yeux se portent sur moi, on me regarde avec étonnement ; mais mon père me tient toujours la main, il me la serre comme pour me rendre à moi-même, et le valet qui, tout surpris aussi, a été faire sa commission, revient bientôt, d'un air fort poli, nous dire que M. le baron et son fils peuvent entrer.

Mon père me présente à M. de Gérancourt, qui me fait mille amitiés tout en s'étonnant de n'avoir pas su plus tôt que j'étais le fils du baron de Harleville, mais mon père répond qu'avant de me laisser porter son nom, il avait voulu que je m'en fisse un dans la carrière des lettres. Quant à moi, je suis si étourdi de mon bonheur et de tout ce qui m'arrive, que je ne sais trop ce que je dis, ni ce que je réponds. Cependant, je n'oublie pas Clémence, j'avais écrit une petite requête en sa faveur, je la remets à M. de Gérancourt, et il me promet de s'en occuper.

Nous sortons de chez M. le conseiller. Je suis toujours mon père; son cabriolet est en bas, il me fait monter avec lui, et nous arrivons à sa demeure; moi, toujours heureux, enchanté d'avoir recouvré l'amitié de mon père, mais n'osant encore lui adresser aucune question.

Enfin nous sommes seuls chez M. de Harleville; alors il m'ouvre les bras en me disant :

« Arthur, mon fils, j'ai eu bien des
» torts envers toi... Veux-tu me les par-
» donner? »

Je ne trouve pas un mot à répondre; mais je me jette dans les bras de mon père, et pendant plusieurs minutes je le tiens pressé contre mon cœur.

Enfin notre émotion mutuelle étant un peu calmée, le baron me fait asseoir près de lui et me dit :

« J'ai su ta belle conduite pour me
» faire sortir de prison, et je t'avoue
» qu'elle me donna des regrets de t'a-
» voir traité si durement. Cependant,
» d'affreux soupçons tourmentaient mon

» cœur, et je ne pouvais encore les dé-
» truire lorsqu'il y a quinze jours je
» reçus la nouvelle de la mort de ma
» femme. Une courte maladie a terminé
» sa carrière de désordres et de folies ;
» elle est morte à Bordeaux; cependant
» elle m'adressa un dernier adieu, quel-
» ques mots de repentir dans lesquels
» elle me disait que j'avais tort d'en vou-
» loir à mon fils.. (Je lui avais, pendant
» notre dernier voyage, appris les liens
» qui nous unissaient), elle me disait
» donc que depuis qu'elle portait mon
» nom tu ne lui avais jamais témoigné
» qu'un profond respect. Cette lettre
» avait ébranlé mes soupçons... et pour-
» tant elle ne les détruisait pas encore
» complétement... Ta présence à Boissy-
» Saint-Léger me semblait toujours une
» preuve de ton amour pour Adèle...

» Ah! combien j'étais injuste!.. pauvre
» Arthur!... C'est pour me sauver la vie
» que tu as bravé ma colère... Cette let-
» tre de Follard, vient de m'apprendre
» la vérité! Le malheureux y confesse
» le crime qu'il voulait commettre et
» que ton arrivée imprévue empêcha...
» Maintenant, je me rappelle ces paro-
» les que tu m'as dites dans ma prison...
» il y allait de ma fortune, de ma vie
» peut-être!... Ah! tant de dévouement
» de ta part me prouve combien ma pré-
» vention était injuste!... Ainsi que je
» l'ai fait à ton égard, je rendis ta mère
» malheureuse sur de trompeuses ap-
» parences... Je fus bien coupable, je
» le sens; mais désormais, mon fils, je
» ne veux plus songer qu'à réparer mes
» torts, et, à force d'amour pour toi, j'a-
» paiserai peut-être aussi l'ombre de ta
» mère. »

De nouveaux embrassemens scellent encore notre réconciliation. Je sens que j'ai retrouvé mon père, et je vois qu'il ne sait pas aimer à demi.

La baron me prie de demeurer avec lui. Il ne veut me gêner en rien, ni dans mes occupations, ni dans mes plaisirs; il me déclare que tous mes amis seront les siens, et qu'en portant désormais son nom, je n'en serai pas moins libre que lorsque je n'étais qu'Arthur tout simplement.

Il me tarde d'aller faire part de mon bonheur à celle qui a toujours partagé mes peines. Je cours chez Clémence, je lui apprends quel changement inattendu vient de s'opérer dans le cœur de mon père; elle partage ma joie, elle est aussi heureuse que moi de cet événement. Bientôt pourtant son front s'obscurcit; je veux en connaître la cause.

« Vous êtes maintenant monsieur Ar-
» thur de Harleville, » me dit-elle,
« vous allez être accueilli, recherché
» dans le grand monde... vous ne vous
» plairez plus avec... vos anciennes con-
» naissances.

» — Clémence, ce que vous me dites
» là est bien injuste et bien faux surtout;
» car, je pense que vous ne me croyez
» pas positivement un sot. Ce sont ceux-
» là que la fortune et les grandeurs ren-
» dent oublieux et suffisans, mais les
» gens d'esprit ne sont jamais plus ai-
» mans que lorsqu'ils sont heureux. »

Huit jours après cet événement, grace
à M. de Gérancourt, que j'ai été revoir,
M. Moncarville fait à sa femme une pension de deux mille francs. L'acte en est
fait devant notaire, et en cas de mort
seulement, cette pension cesserait; mais

alors la veuve de M. Moncarville n'en aurait plus besoin, puisque, d'après son contrat de mariage, elle hériterait des biens de son mari.

Clémence, dont les goûts sont simples, dont la parure est modeste, se trouve riche avec ce revenu, et du moins elle n'aura plus besoin de prendre sur son repos pour me cacher son indigence.

C'est auprès d'elle, c'est avec monsieur et madame Auguste qu'elle voit souvent, que j'aime à passer tout le temps que je ne donne pas à mon père. Afin d'être agréable au baron de Harleville, qui pourtant ne le demande jamais, je l'accompagne quelquefois dans le grand monde; mais ensuite je me retrouve avec encore plus de plaisir dans le petit cercle, dont l'amour et l'amitié font tous les frais.

Le temps s'écoule bien vite quand on est heureux; désormais j'en fais la douce épreuve; il y a déjà près de deux ans qu'on me nomme Arthur de Harleville et que j'ai recouvré l'amitié de mon père, lorsque je rencontre sur le boulevart un monsieur assez salement vêtu, qui porte dans ses bras un enfant d'un an à peu près, et donne la main à un bambin de deux à trois ans.

Ce monsieur me sourit. Je ne le reconnaissais pas d'abord ; car sa toilette est si négligée que ce n'est plus cet Adolphe d'autrefois, qui, sans être un petit-maître, était au moins toujours bien tenu.

C'est bien Désigny, cependant, et je me hâte d'aller à lui.

« Bonjour, mon cher Adolphe. — » Bonjour, monsieur Arthur! il y a bien

» long-temps que nous nous sommes
» vus!... — C'est vrai... vous êtes un
» peu maigri depuis ce temps... — Ah!
» dame... j'ai tant de mal avec les mio-
» ches... vous voyez, j'en ai deux main-
» tenant, et Juliette est enceinte d'un
» troisième... — Il me paraît que vous
» allez bien...—Oui... bien si l'on veut...
» quand il y en aura trois à prome-
» ner, je ne sais pas trop comment
» je ferai!... — Pourquoi votre femme
» ne les promène-t-elle pas? — Oh! elle
» est toujours souffrante, elle est très-
» délicate, Juliette... et puis nous avons
» eu du chagrin... surtout ma femme...
» en apprenant la mort de ce pauvre
» diable... Quand on a connu les gens,
» ça fait toujours de la peine... — Quel
» pauvre diable?... qui donc est mort?—
» Comment! vous ne le savez pas?... c'est

» Théodore... ce pauvre Théodore, dans
» une partie de cheval, à Montmorency,
» après un déjeuner où on avait un peu
» bu... il paraît qu'il était en train; bref,
» il a été jeté sur des pavés... il n'en est
» pas relevé... On a appris cela brusque-
» ment à ma femme... qui venait de dî-
» ner, ça lui a donné une indigestion,
» et elle est toujours souffrante depuis...
» — Je ne vois pas, moi, ce que la perte
» d'un tel homme a de malheureux...
» c'est un fripon de moins sur la terre,
» mais il en restera encore assez... —
» Vous croyez... au fait... c'est possible...
» ma femme dit qu'il n'était qu'égaré,
» mais que c'était un homme qui avait
» de grands moyens... Adieu, monsieur
» Arthur, je rentre, parce que voici
» l'heure de donner la soupe à la mar-
» maille. — Et c'est vous qui êtes chargé

» de ce soin? — Il le faut bien, Juliette
» est si souffrante, et nous sommes sans
» bonne, nous avons encore renvoyé la
» dernière avant-hier... ça fait treize
» depuis deux mois. On a bien de la peine
» à trouver ce qu'on veut dans Paris.
» Si vous entendiez parler d'une fille à
» placer... d'un bon sujet... de l'âge de...
» dix à douze ans, nous les prenons très-
» jeunes, parce que c'est moins cher;
» vous seriez bien aimable de me l'en-
» voyer. — Cela suffit. — Adieu, mon-
» sieur Arthur... Allons, Dodore, mar-
» chons, s'il vous plaît. »

Adolphe s'éloigne avec ses enfans.
Pauvre homme!... Je le regarde aller
traînant l'un et portant l'autre, et il
me ferait rire s'il ne me faisait pas pitié.

Un moment après, devant le passage
des Panoramas, j'aperçois beaucoup de

monde rassemblé, je m'informe de ce qui est arrivé; on m'apprend qu'on vient d'arrêter un homme qui vendait des chaînes pour la sûreté des montres, parce qu'au moment où un monsieur lui en marchandait une, il avait été vu enlevant la montre du crédule acheteur.

Je ne sais quel sentiment de curiosité me porte à désirer voir ce voleur. Je perce la foule... je m'approche... deux gardes municipaux tenaient un individu qui semblait braver tout le monde... Je l'envisage... je reconnais M. Salomon, qui, au moment où on l'entraîne, crie encore d'un air insolent : « Ma pipe,
» sacrediél... laissez-moi donc ramasser
» ma pipe... elle est un peu culottée,
» celle-là ! »

C'était le dernier des trois amis dont

je ne savais pas le sort. Ainsi Follard a fini par un suicide, Théodore à la suite d'une orgie, et M. Salomon ira probablement aux galères.

Il y a encore un homme dont je désire connaître la situation; celui-là n'était que ridicule, mais du moins il était honnête. On devine que c'est de M. Lubin que je veux parler. Je m'informe de lui, car je ne voudrais pas le savoir dans la peine. Enfin je parviens à découvrir sa demeure; je m'y rends; je demande M. Lubin. On m'apprend qu'il est mort de joie il y a huit jours. Le pauvre auteur venait d'avoir une pièce reçue aux Funambules, et il n'avait pu supporter son bonheur.

Deux années s'écoulent encore et M. Moncarville va rejoindre M. Lubin. Il meurt laissant une soixantaine de mille francs à son fils naturel, et tout le reste de sa fortune revient à sa veuve.

Voilà donc Clémence riche et libre. Vous pensez peut-être qu'alors nous allons nous unir?... Mais, nous sommes si heureux ainsi, pourquoi changer? Laissons aller le temps, nous verrons ensuite. En fait de mariage comme en fait d'amour, il ne faudrait dire : Ni jamais, ni toujours.

FIN.

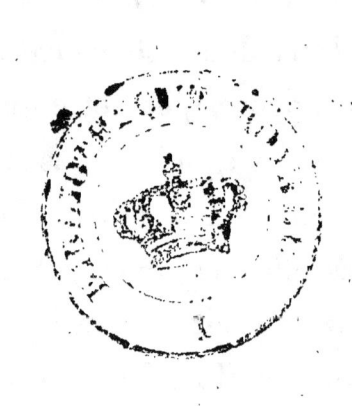

TABLE DES CHAPITRES

DU

SECOND VOLUME.

	Pages.
Chap. I. — Madame d'Asveda.	1
II. — *Quid femina possit.*	37
III. — Une friture à l'île Saint-Denis.	72
IV. — La baronne de Harleville.	129
V. — Une adresse.	154
VI. — Un rendez-vous.	196

Chap. VII.	— Séjour à Boissy-Saint-Léger.	227
VIII.	— Aventure singulière.	252
IX.	— Résultat de l'inconduite.	285
X.	— Une pensée de Clémence.	309
XI.	— Voyage et retour. — Une explication.	341
XII.	— Deux intérieurs de ménage.	377
XIIIᵉ et dernier.	— L'adjoint du maire.	421

www.ingramcontent.com/pod-product-compliance
Lightning Source LLC
Chambersburg PA
CBHW070529230426
43665CB00014B/1626